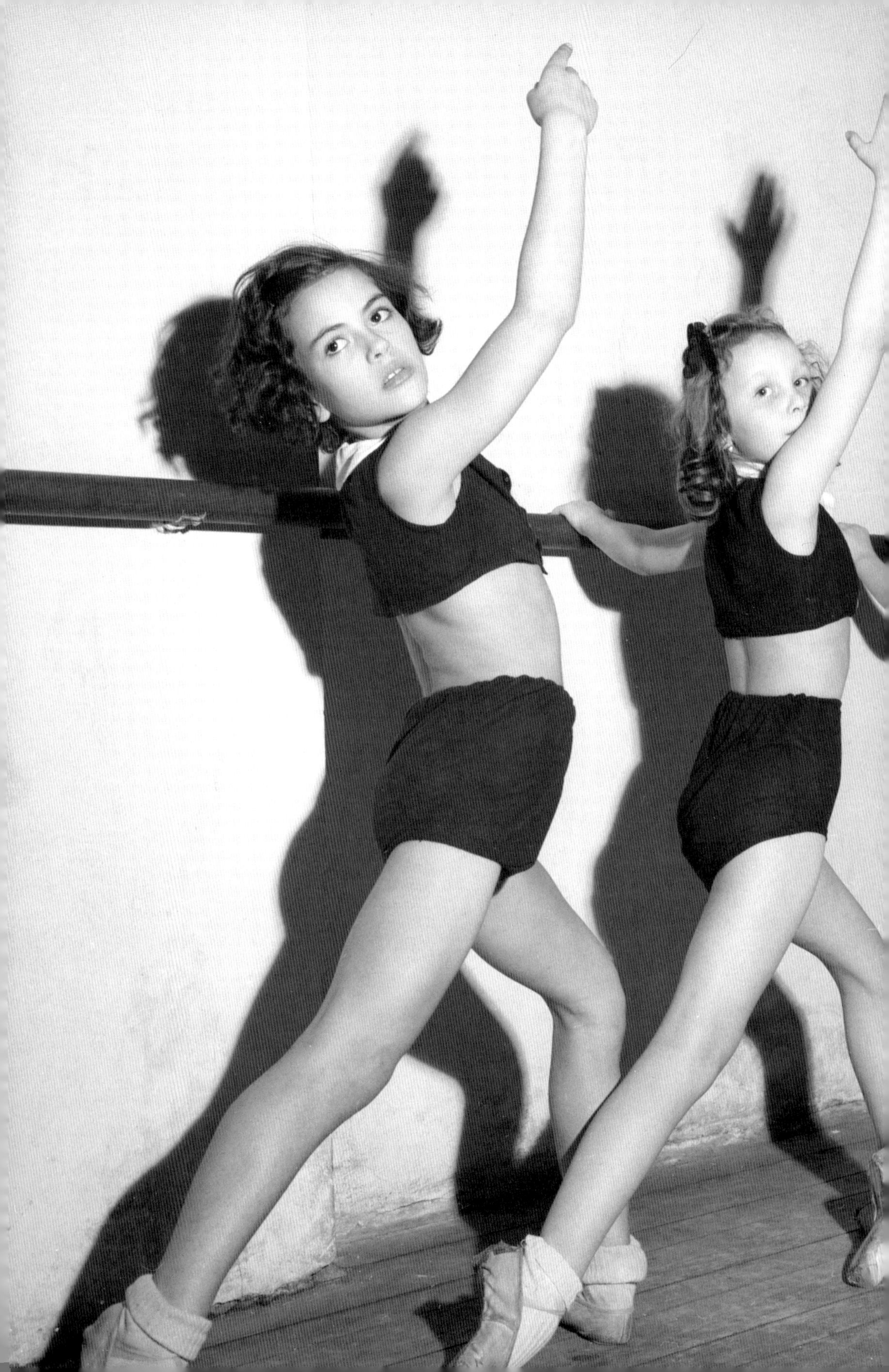

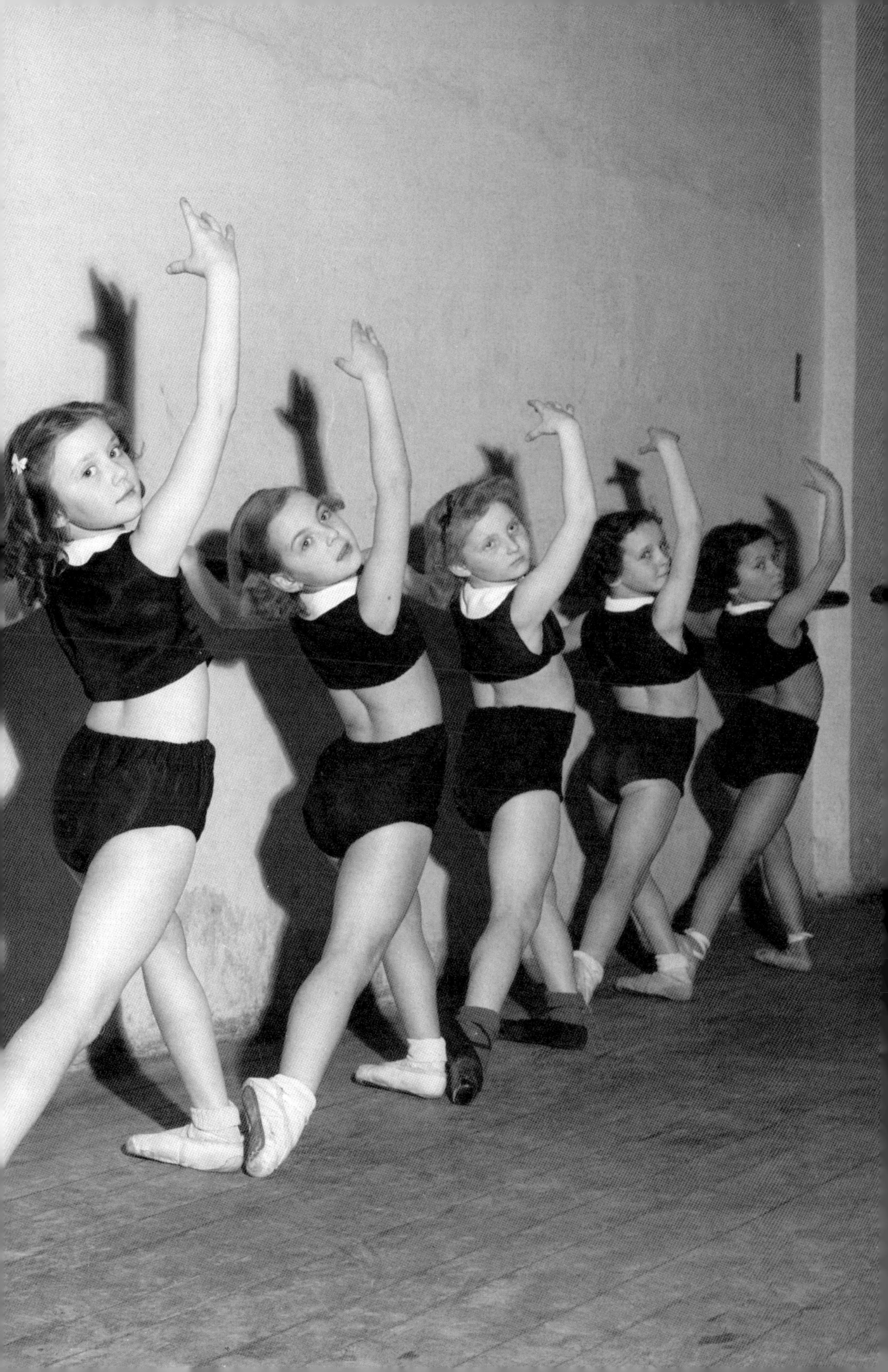

Bildnachweis: Bildarchiv der Österreichischen Nationalbibliothek

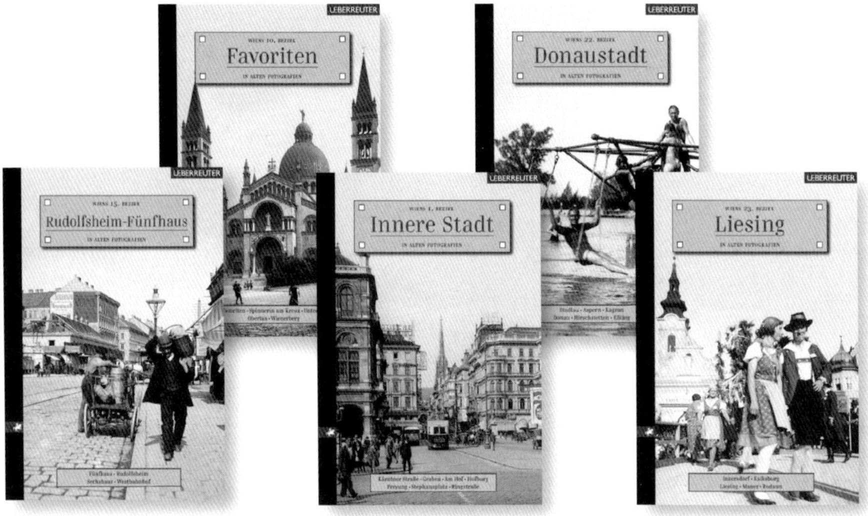


Mehr Infos zur Reihe »Wien in alten Fotografien«
finden Sie unter: www.ueberreuter.at

ISBN 978-3-8000-7414-3

Redaktion: Carola Leitner und Kurt Hamtil
Gestaltung: Verlagsbüro Wien / Kurt Hamtil
Coverfoto: Bildarchiv der Österreichischen Nationalbibliothek

Druck: Druckerei Theiss GmbH, A-9431 St. Stefan i. Lav.
7 6 5 4 3 2 1

Ueberreuter im Internet: www.ueberreuter.at

WIEN IN ALTEN FOTOGRAFIEN

# Theater und Kino

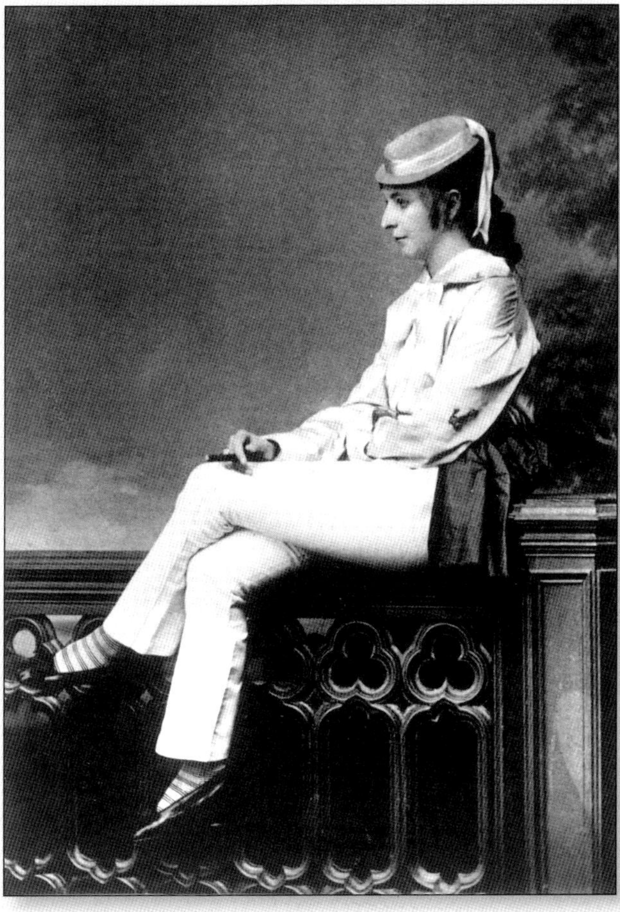

UEBERREUTER

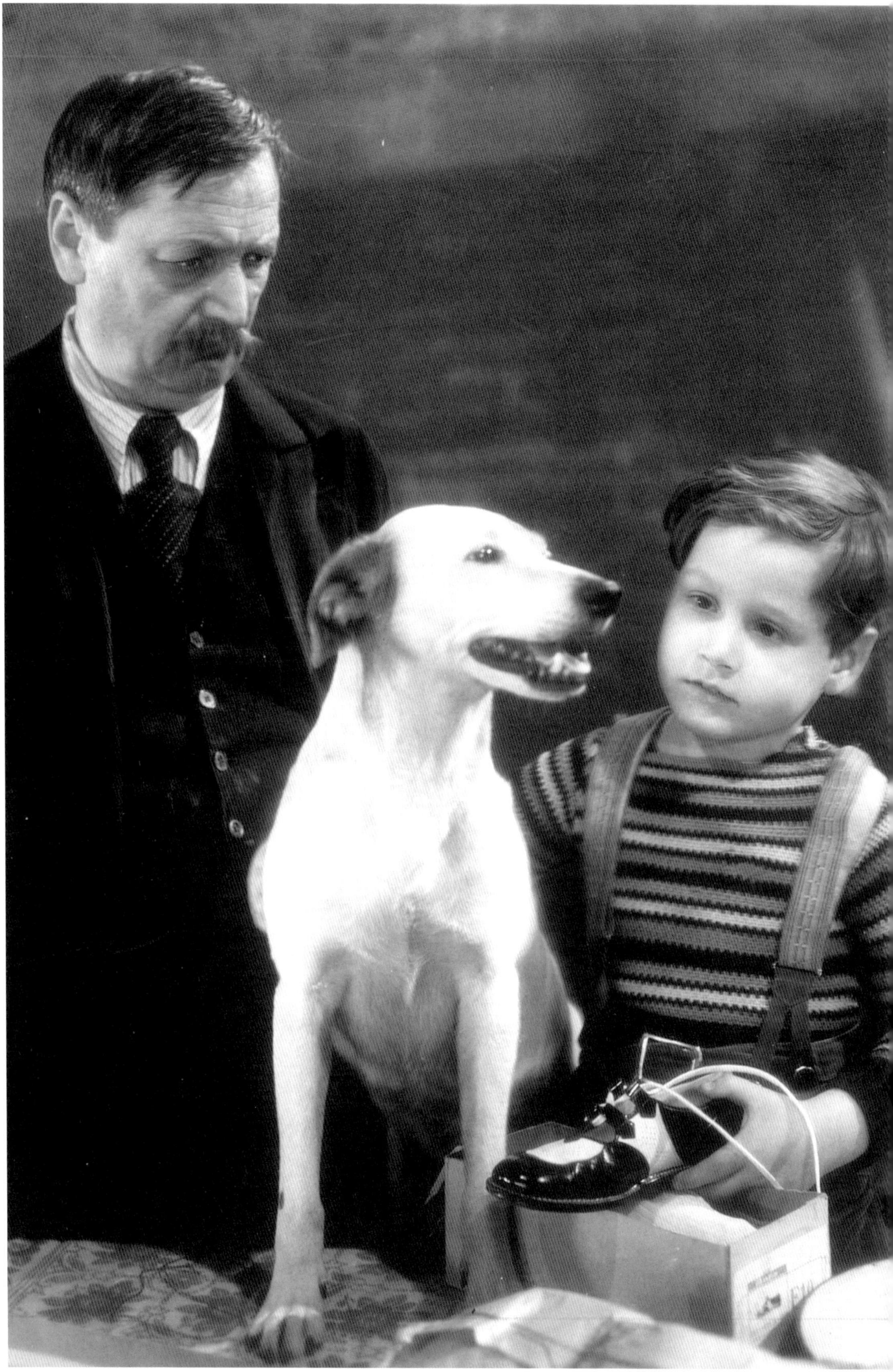

# Theater und Kino

Wien ist nicht nur für seine Musiker und deren Schaffen berühmt, sondern kann auch eine lange Tradition in Schauspiel und Theater vorweisen. Allen voran natürlich das schlicht unter dem Namen „Die Burg“ bekannte Burgtheater, das zweitälteste europäische Sprechtheater.
Nicht minder bekannt ist das Volkstheater, das 1889 vom österreichischen Dichter Ludwig Anzengruber gemeinsam mit dem Industriellen Felix Fischer durch den „Verein des Deutschen Volkstheaters“ begründet wurde. Akademietheater, Ronacher, Raimundtheater, Theater an der Wien oder das Theater in der Josefstadt dürfen ebenfalls nicht fehlen, um nur einige der Wiener Spielstätten zu nennen. Neben der breit gefächerten Theaterlandschaft bot die Stadt seit jeher für jeden Geschmack etwas. So wurden klassische und ernste Stücke neben bissigen Kabarettprogrammen oder Singspielen sowie Possen und vieles andere aufgeführt.
Es haben aber nicht nur die bespielten Häuser, sondern natürlich auch die Künstler selbst viele Bewunderer. Ein herausragender Künstler seiner Zeit war sicherlich Johann Nestroy, dessen Darstellungen für Aufsehen sorgten.

Neben den Theateraufführungen nahmen die Wiener seit jeher gerne das Angebot der zahlreichen Kinos der Stadt in Anspruch. Wien war dereinst eine Stadt der Kinos. Die vielen Lichtspielstätten, u. a. das Busch-Kino im Prater in der Leopoldstadt, zeugten lange Jahre von den glanzvollen Zeiten des Films. 1908 gab es in Wien bereits 25 Kinos. In den 1920er-Jahren gab es allein im Prater acht Kinos mit 4439 Sitzplätzen.
Die Geschichte der Wiener Traumfabrik begann 1910 mit der Gründung der „Sascha-Filmfabrik“, die in den folgenden Jahren in Sievering modernste Filmateliers errichten ließ. Aus dieser ging 1938 die „Wien-Film“ hervor, die mit Schauspielergrößen wie Hans Moser, Paul Hörbiger und Maria Holst zahlreiche Klassiker schuf. Ab den 1970er-Jahren mussten die österreichischen Kinos einen massiven Besucherrückgang hinnehmen, der mit der Schließung Hunderter Kinos einherging. Viele der traditionsreichen Kinokultstätten wurden geschlossen. Die 1905 im 14. Bezirk gegründeten „BSL – Breitenseer Lichtspiele“ sind das älteste heute noch bespielte Kino der Stadt. Heute erfreut sich das Kinowesen in Wien glücklicherweise wieder eines Aufschwungs.



Vorvorherige Doppelseite
Kinder der Wiener Staatsoper bei der Ausbildung im Theater an der Wien, 1951.

Vorige Seite
Die berühmte Volkssängerin Emilie Durecek, besser bekannt als „Fiaker-Milli“ um 1875.

Linke Seite
Hans Moser mit dem Knaben Peter Bosse und Hund aus dem Film „Der Hundefänger von Wien“, 1936.

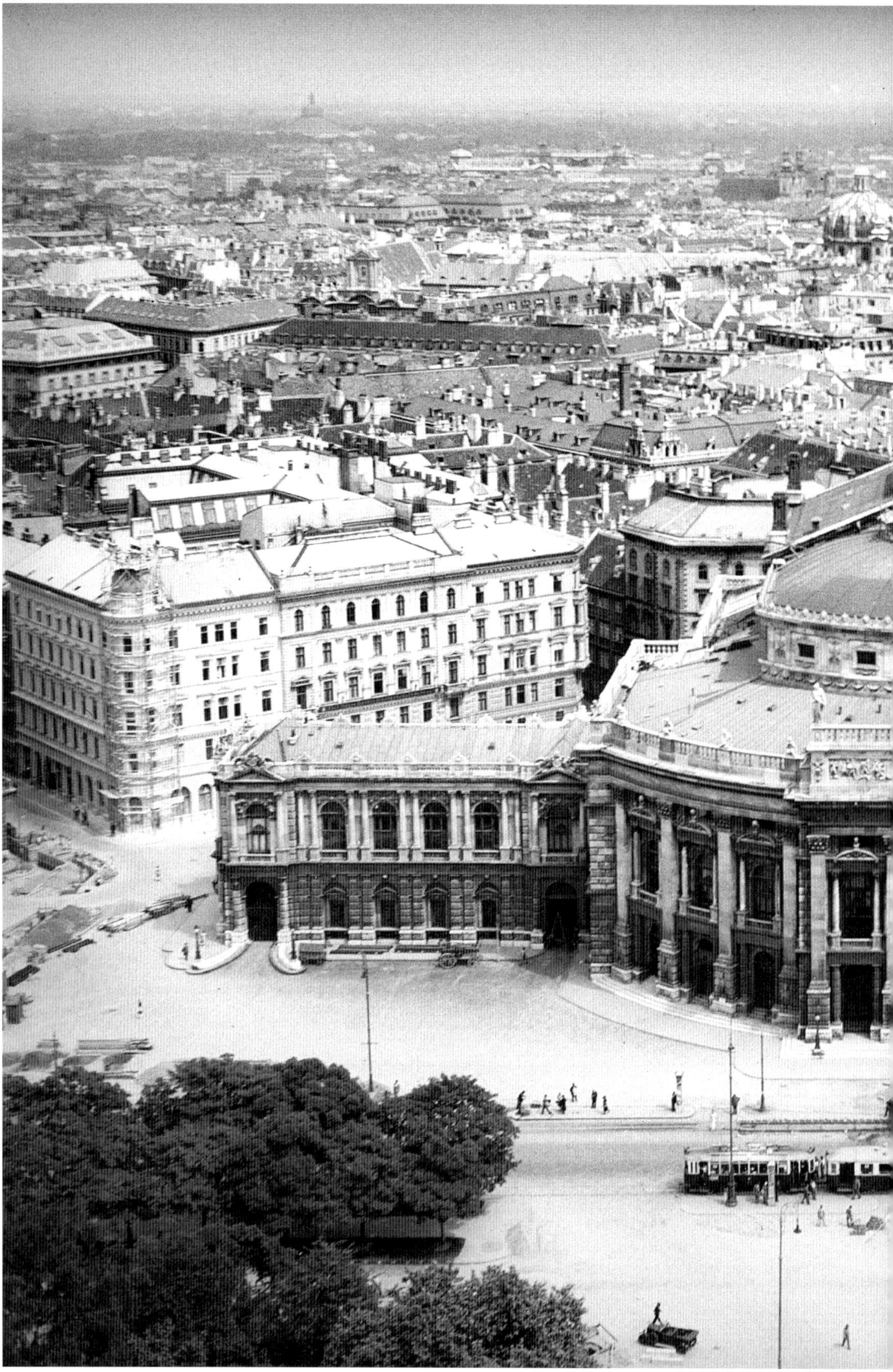

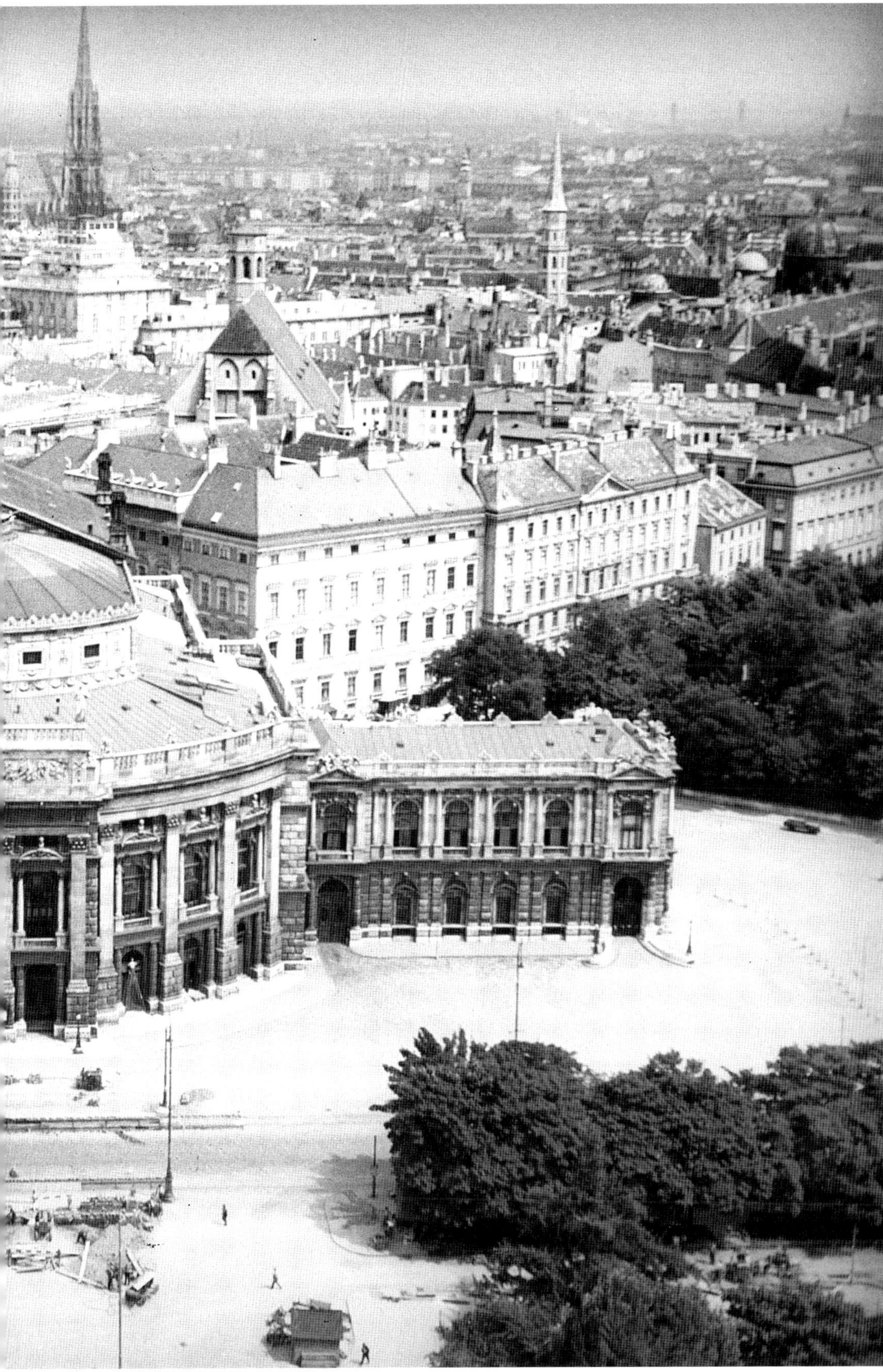

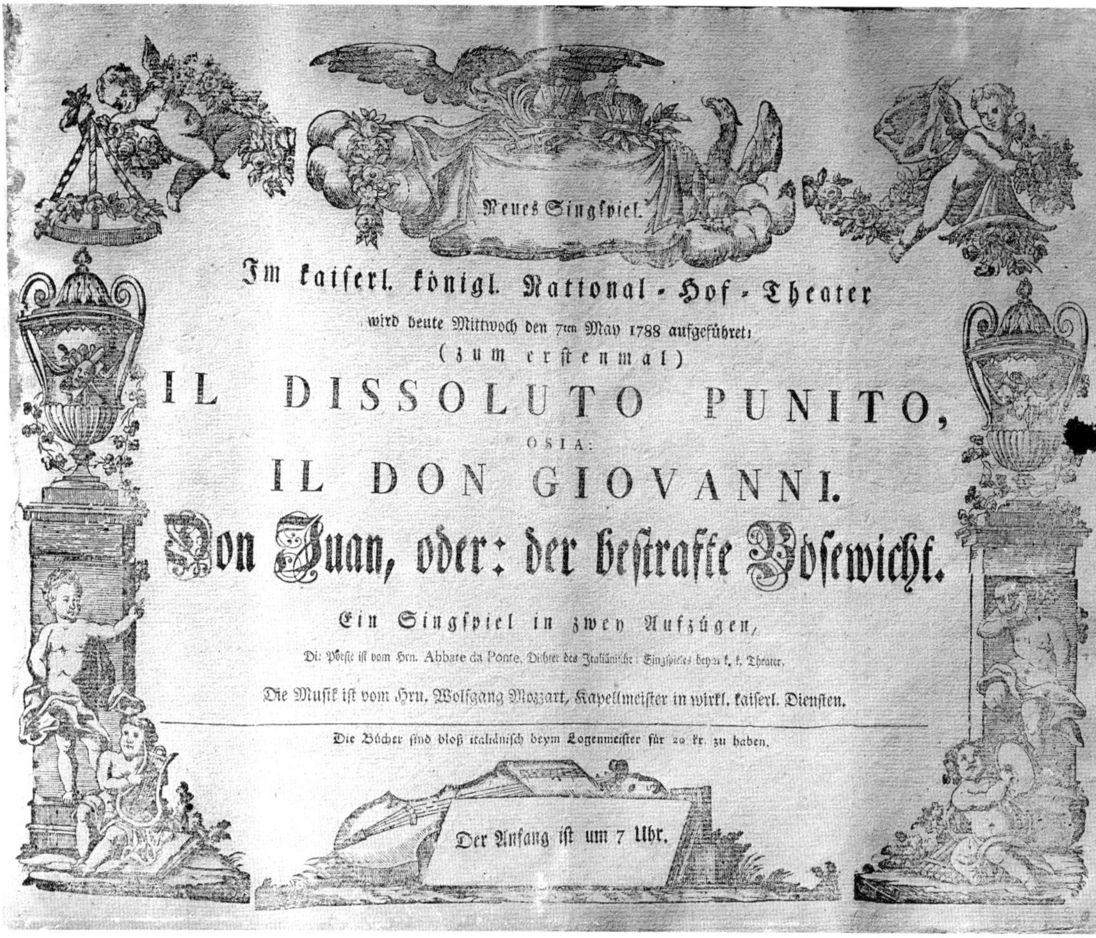
Neues Singspiel.

Im kaiserl. königl. National-Hof-Theater

wird heute Mittwoch den 7ten May 1788 aufgeführet:

(zum erstenmal)

IL DISSOLUTO PUNITO,

OSIA:

IL DON GIOVANNI.

Don Juan, oder: der bestrafte Bösewicht.

Ein Singspiel in zwey Aufzügen,

Di: Pöesie ist vom Hrn. Abbate da Ponte, Dichter des Italiänische: Singspieles beym k. k. Theater.

Die Musik ist vom Hrn. Wolfgang Mozzart, Kapellmeister in wirkl. kaiserl. Diensten.

Die Bücher sind bloß italiänisch beym Logenmeister für 20 kr. zu haben.

Der Anfang ist um 7 Uhr.

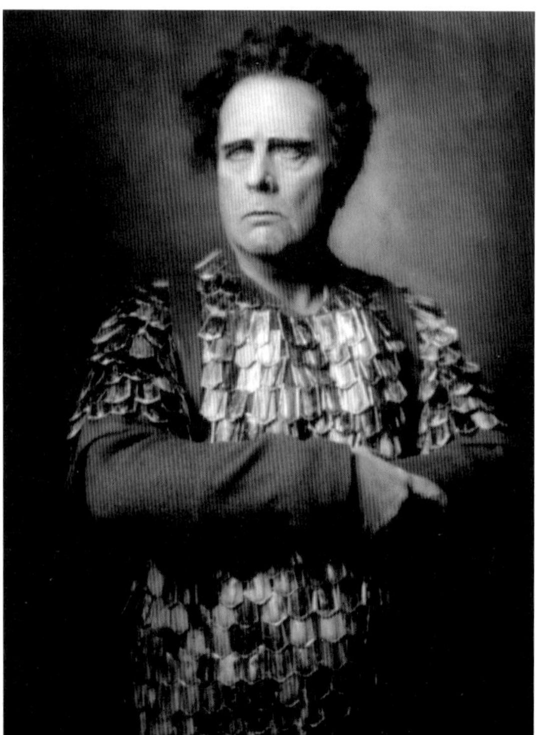

Seite 10

Vorherige Doppelseite

Blick vom Rathaus gegen das im neubarocken Stil von Gottfried Semper und Karl Freiherr von Hasenauer errichtete Burgtheater um 1930.

Theaterzettel für die Erstaufführung von Wolfgang Amadeus Mozarts „Don Giovanni“ am Burgtheater (k. k. Hoftheater), 1788.

Aufnahme Atelier Madame D’Ora: der Schauspieler Max Devrient in Rüstung in der Titelrolle in „Macbeth“ von William Shakespeare, 1920.

Rechte Seite

Zwei großartige Wiener Schauspieler gemeinsam auf der Bühne des Burgtheaters: Hans Moser und Josef Meinrad in einer Aufführung von Franz Molnárs „Liliom“, 1963.

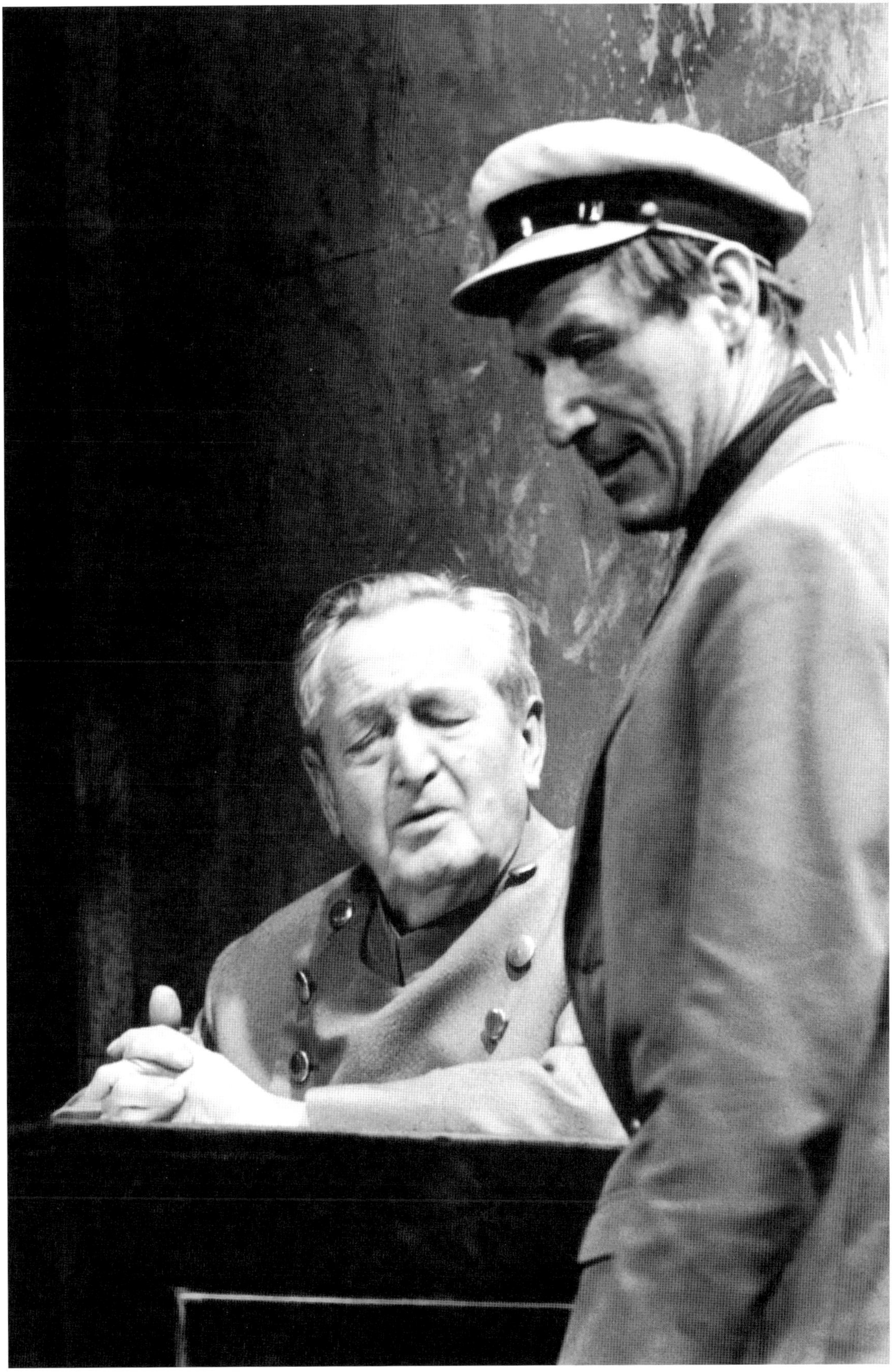

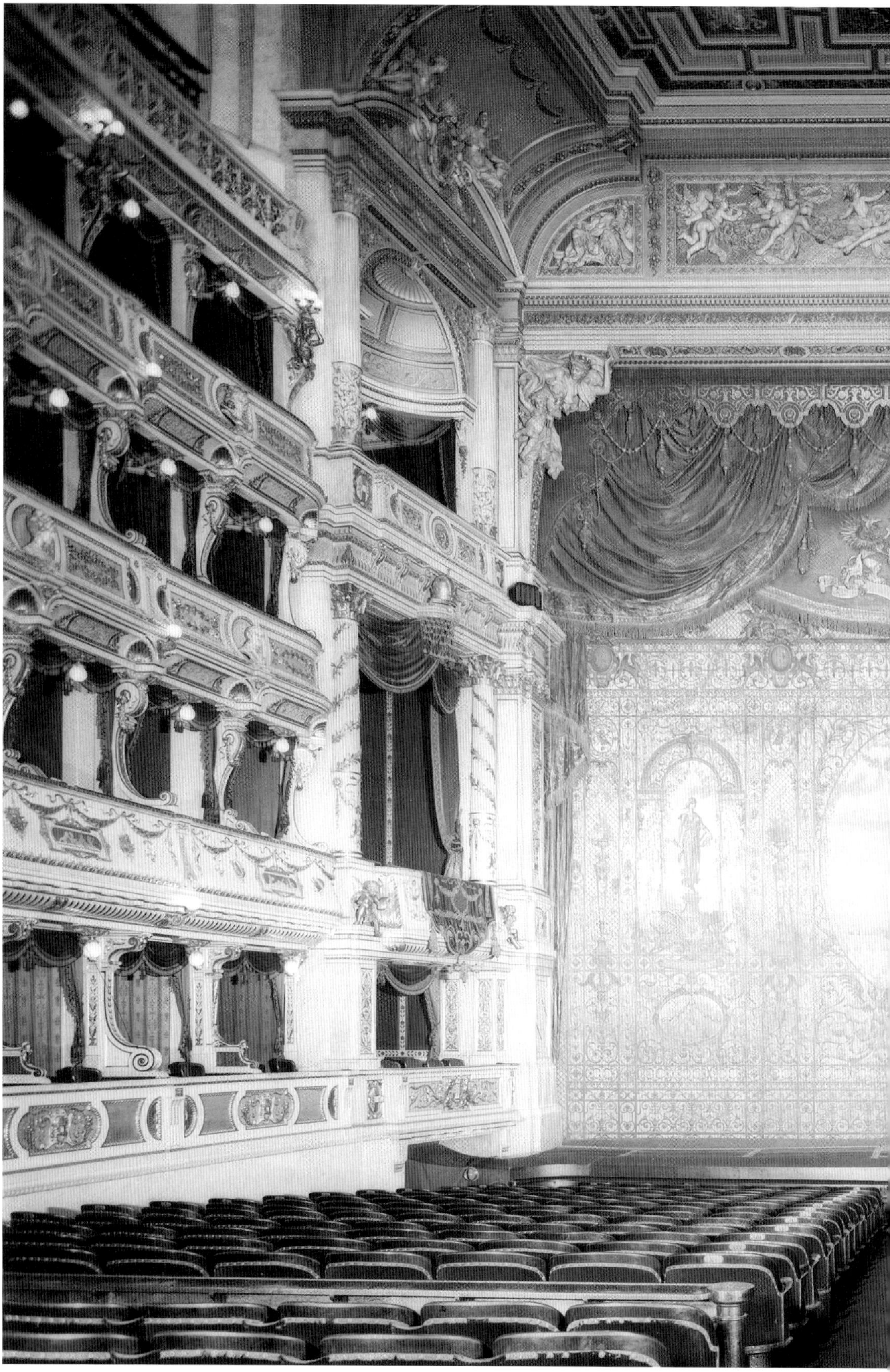

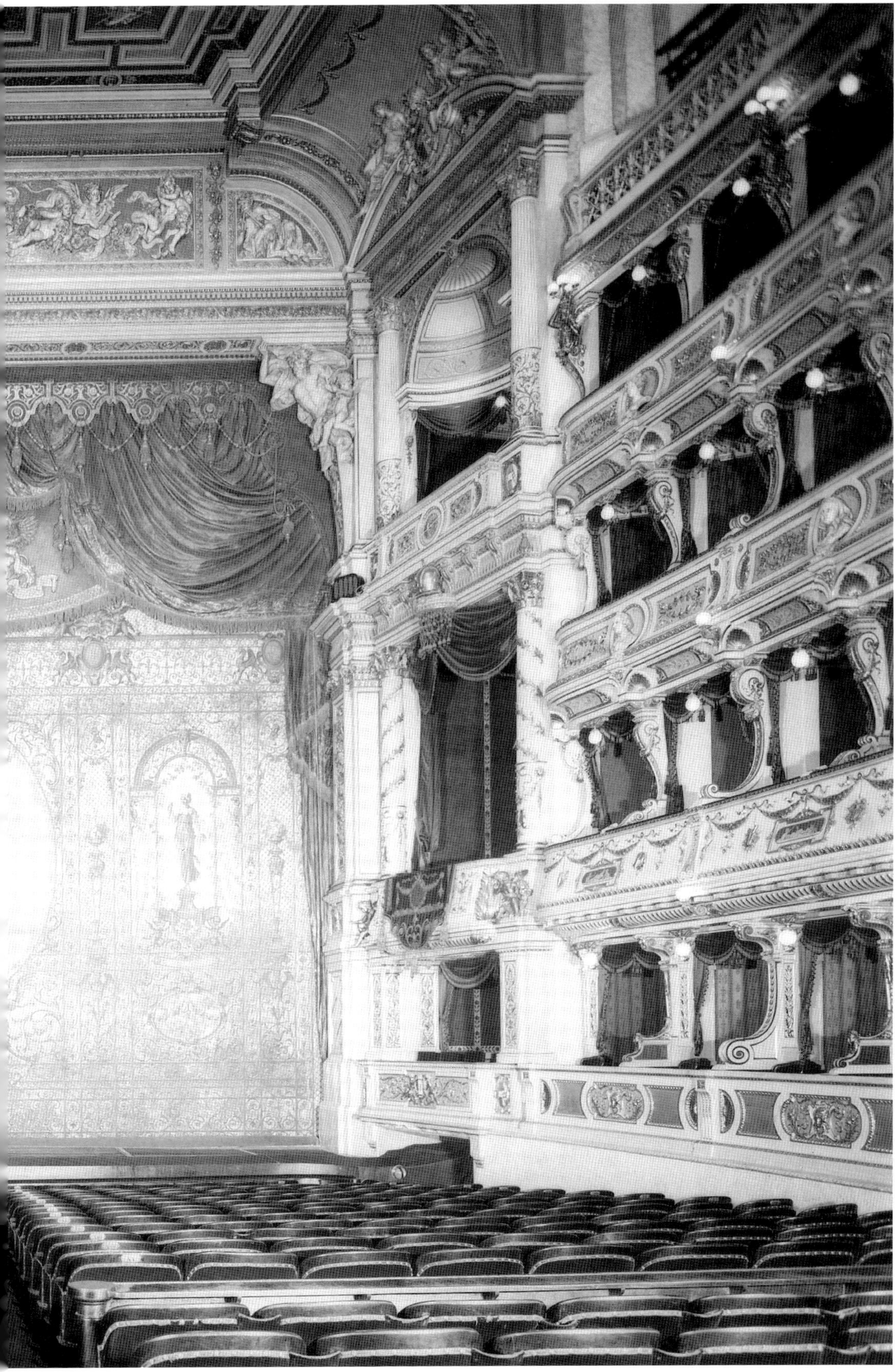

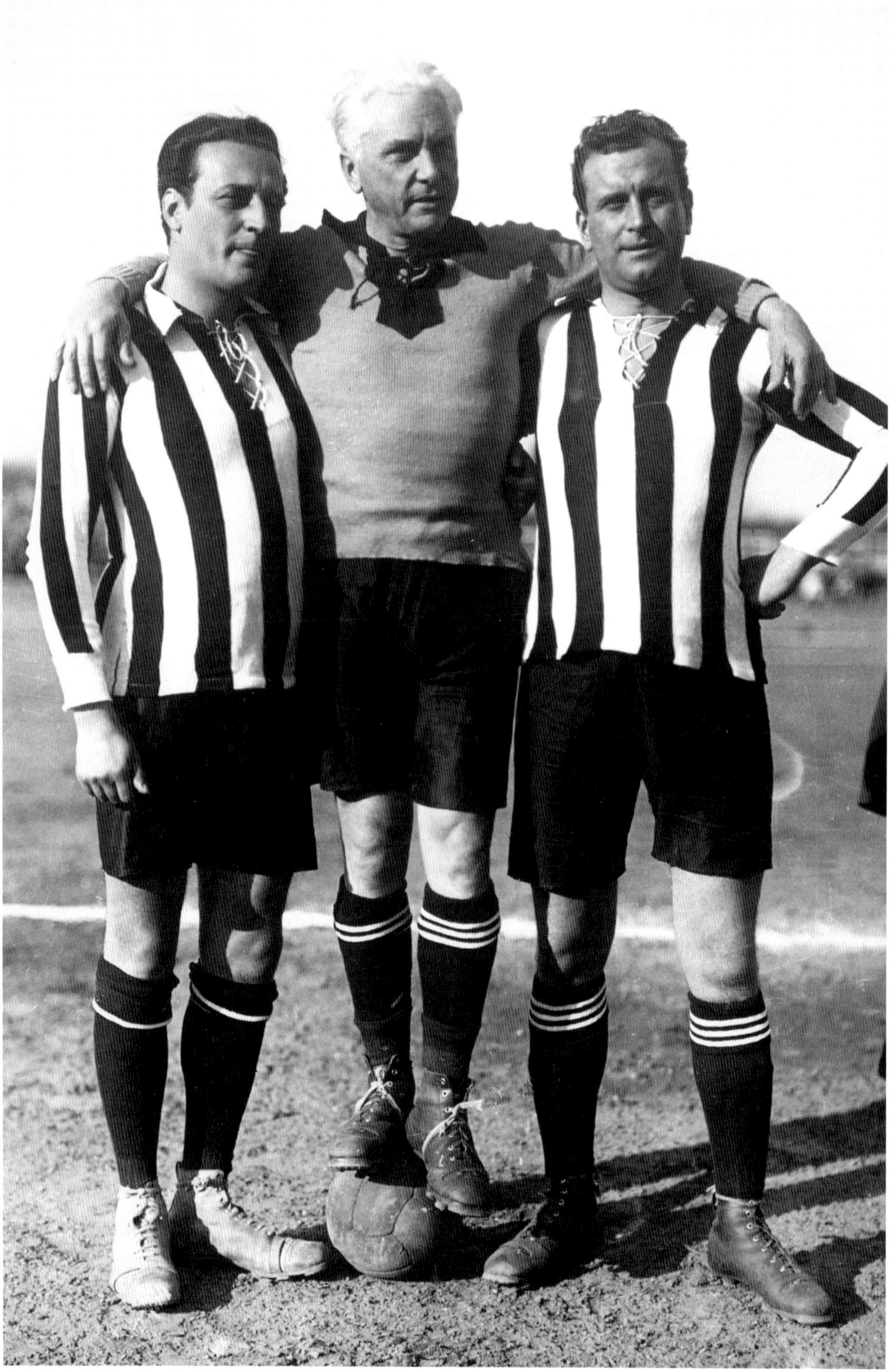

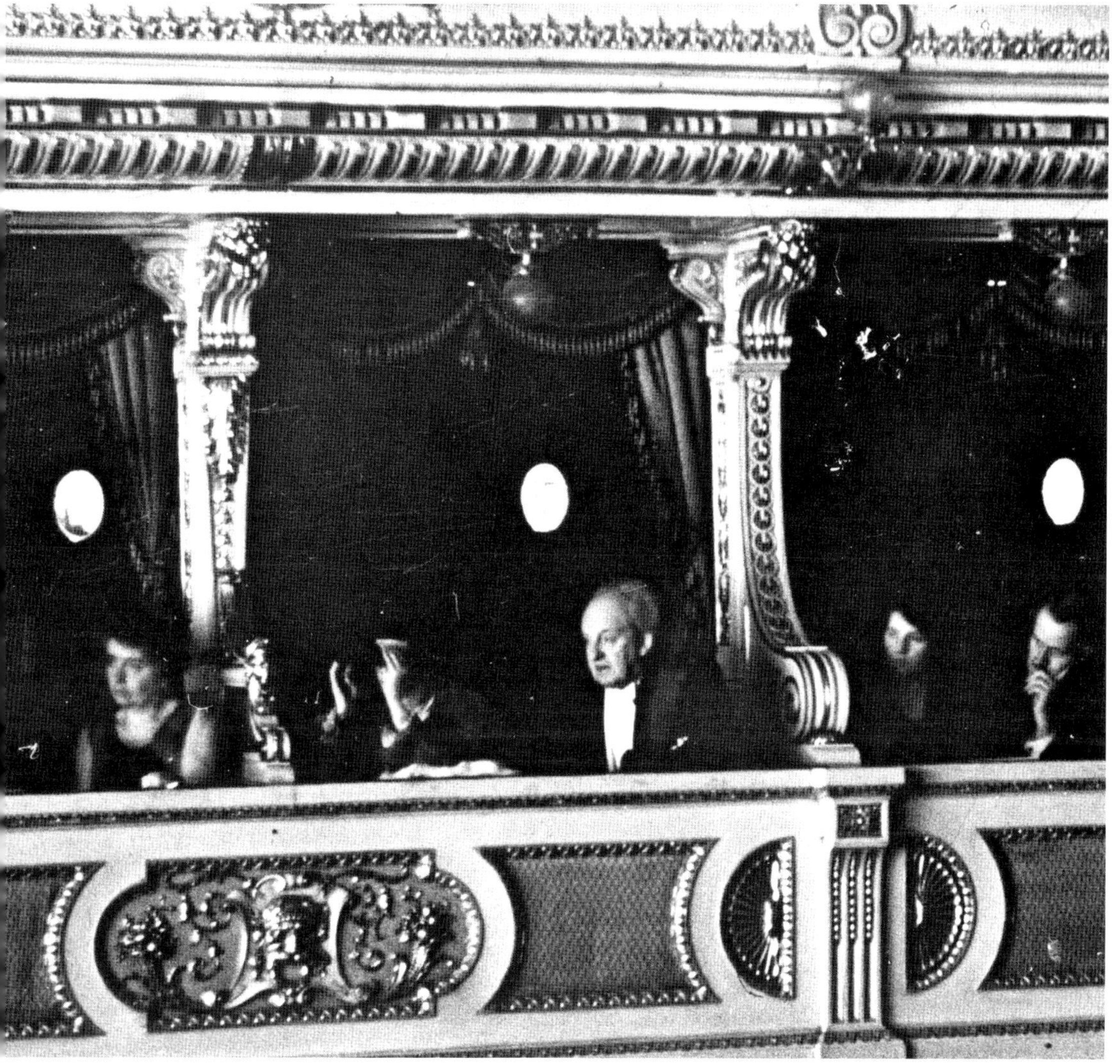

Seite 15

Vorherige Doppelseite

Burgtheater: Zuschauerraum gegen die Bühne mit Eisernem Vorhang. Dieser wiegt 16,8 Tonnen und kann im Falle eines Brands den Bühnenraum vom Zuschauerraum innerhalb von 28 Sekunden trennen und hält die Flammen mindestens 20 Minuten auf. Nach dem Ringtheaterbrand wurden alle Wiener Theater verpflichtet, die Bühnen mit einem Eisernen Vorhang zu versehen. Der alte Vorhang wurde im Zweiten Weltkrieg zerstört und durch den heutigen ausgetauscht.

„Burgtheater gegen Volksoper" – ein Fußballspiel: die Burgschauspieler Raoul Aslan, Otto Tressler und Franz Höbling (von links nach rechts), 1921.

Rechte Seite

Erstaufführung des Dramas „Die Ratten" von Gerhard Hauptmann im Burgtheater am Ring, 1929: Der Dramatiker Hauptmann in einer Loge. Diese Aufnahme galt damals als Sensation, da das Bild im verdunkelten Zuschauerraum aufgenommen wurde.

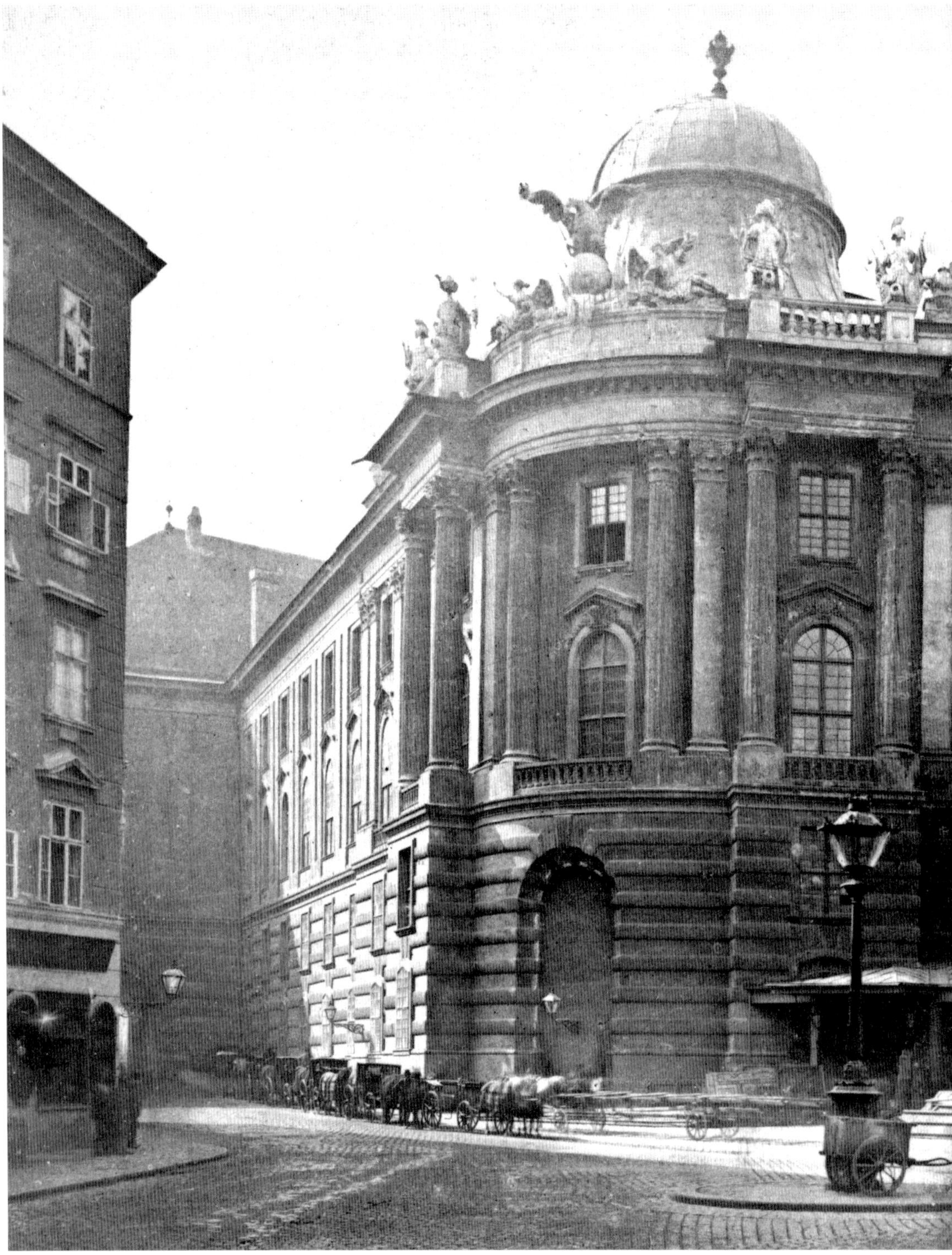

Seite 16

Das alte k.k. Hofburgtheater am Michaelerplatz um 1885, drei Jahre vor der Übersiedelung des Ensembles in das neue Gebäude am Ring.

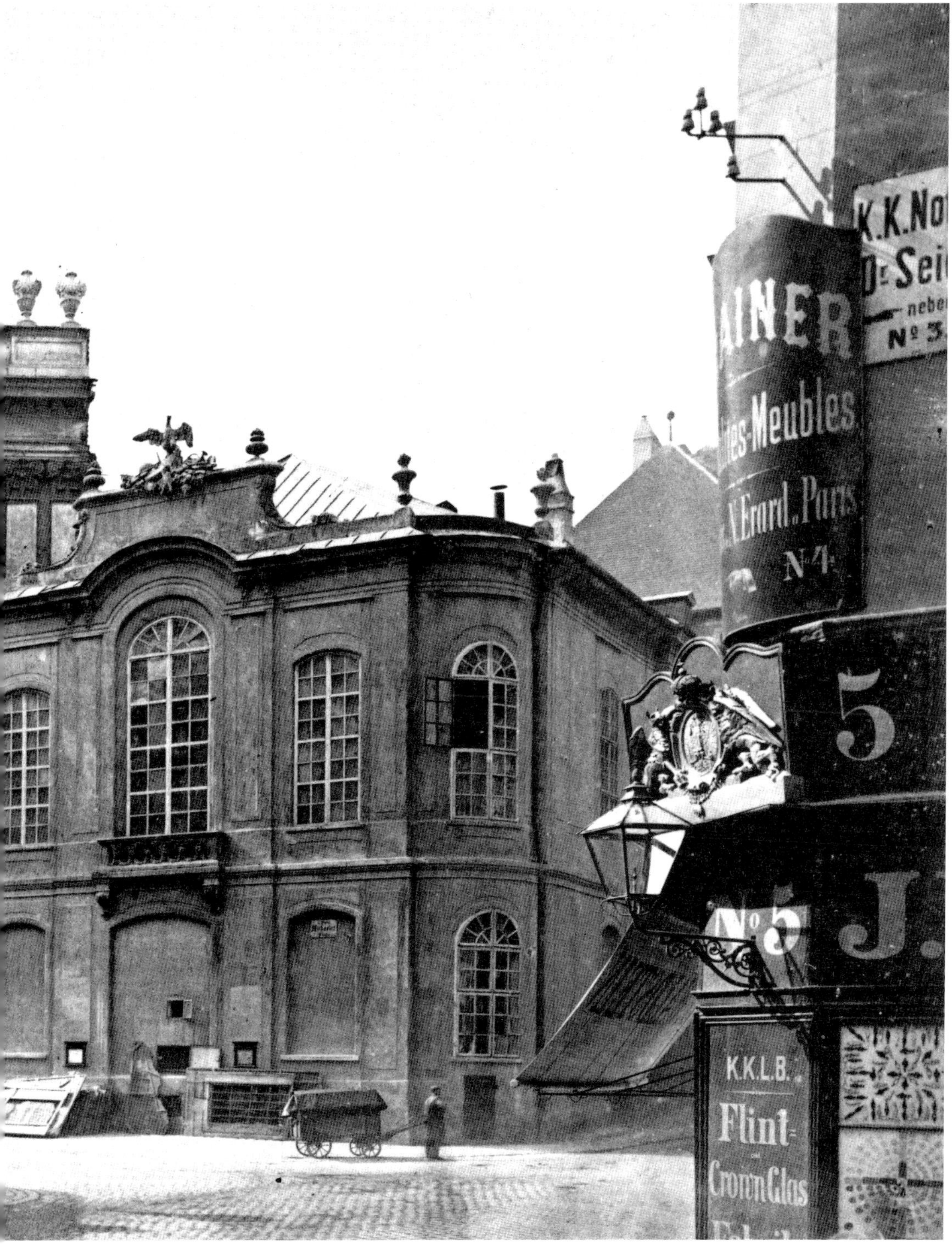

K.K.No
Dr. Sei
No 3.
AINER
Meubles
N Erard u. Paris
No 4
5
No 5
J.
K.K.L.B.
Flint-
Crown Glas

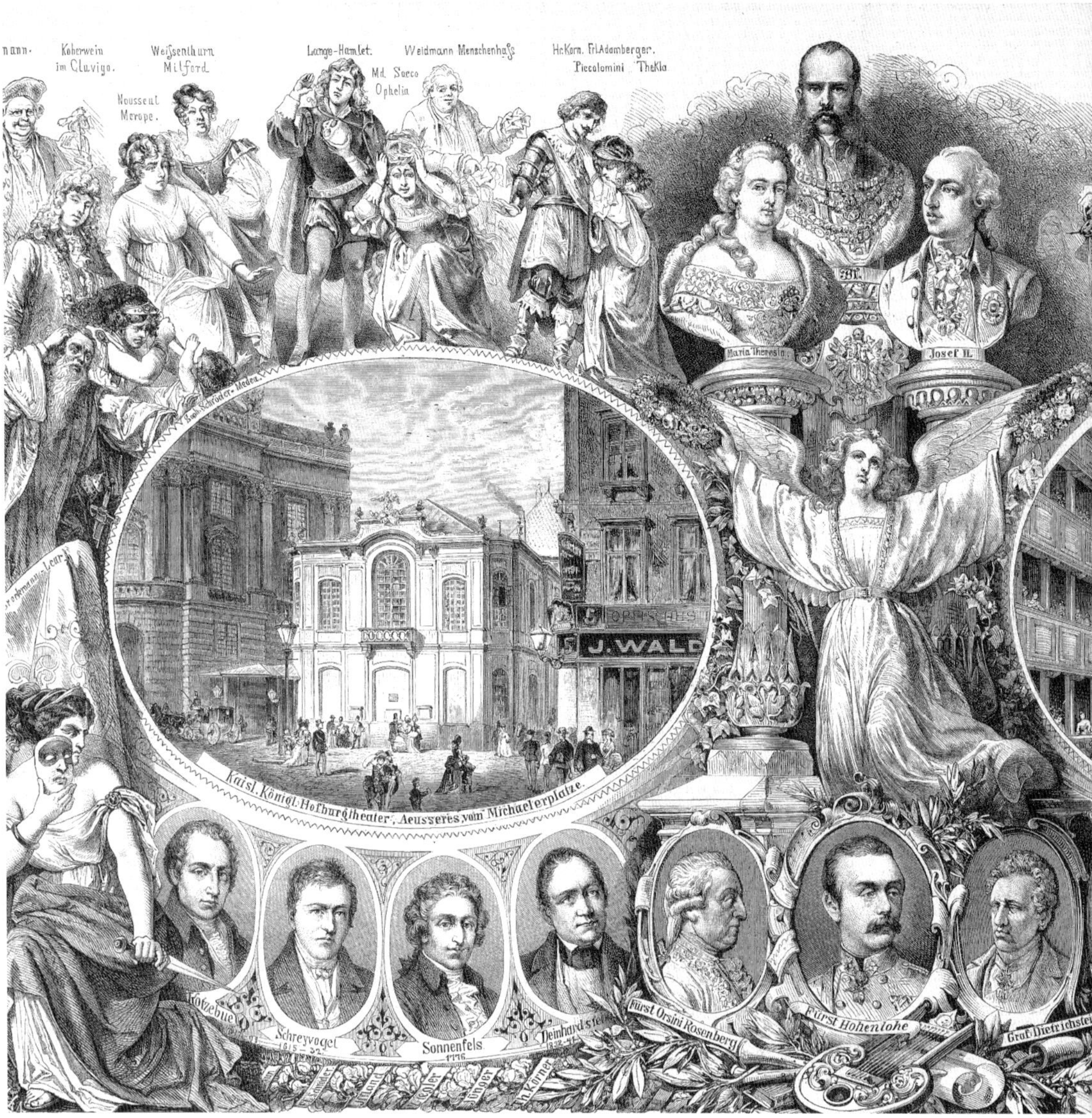




Das alte k.k. Hofburgtheater: das Erinnerungsblatt zum Einhundertjahrjubiläum. Tableau mit Innen- und Außensicht sowie Bildnissen der Regenten, Leiter und Schauspieler in einer Xylografie nach der Originalzeichnung von Franz Kollarz. Das „alte" Burgtheater befand sich am Michaelerplatz. In der Spielstätte am Michaelerplatz wurden Werke von Christoph Willibald Gluck, Wolfgang Amadeus Mozart, aber auch Franz Grillparzer uraufgeführt. Die letzte Aufführung fand am 12. Oktober 1888 statt, danach übersiedelte das Ensemble ins neue Haus am Ring.

Rechte Seite

„Logen und Sperrsitz-Eintheilung des k.k. Hof-Burg-Theaters" der Saison 1868–1869. Das Theater bot etwa 1200 Besuchern Platz.

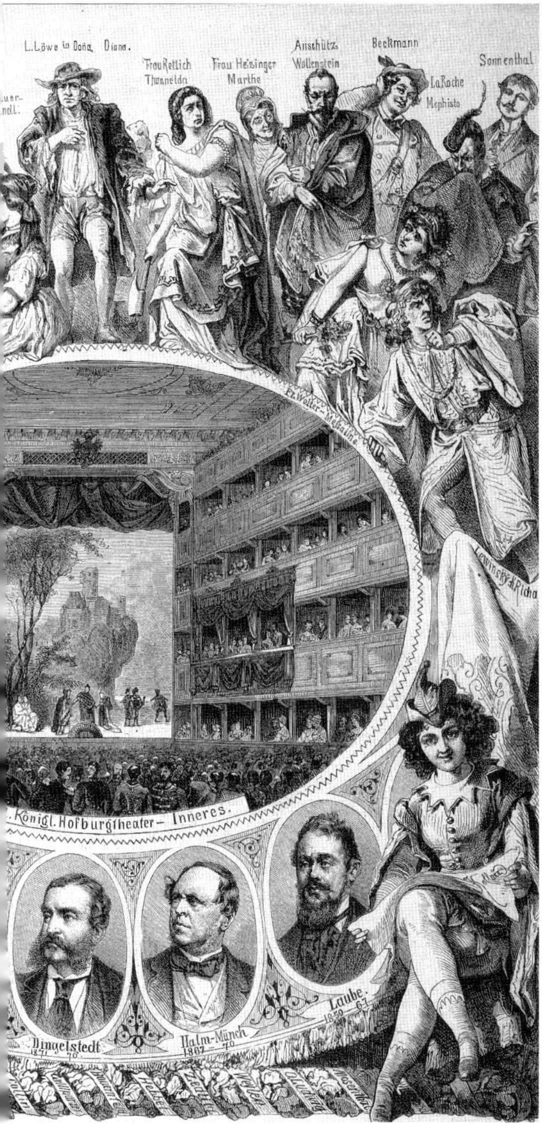
L. Löwe
Sonnenthal
Beckmann
Anschütz
Wallenstein
Frau Haizinger
Marthe
Frau Rettich
Thusnelda
LaRoche
Mephisto
Dingelstedt
1871 – 79
Halm-Münch
1867 – 70
Laube
1850 – 67
Königl. Hofburgtheater – Inneres.

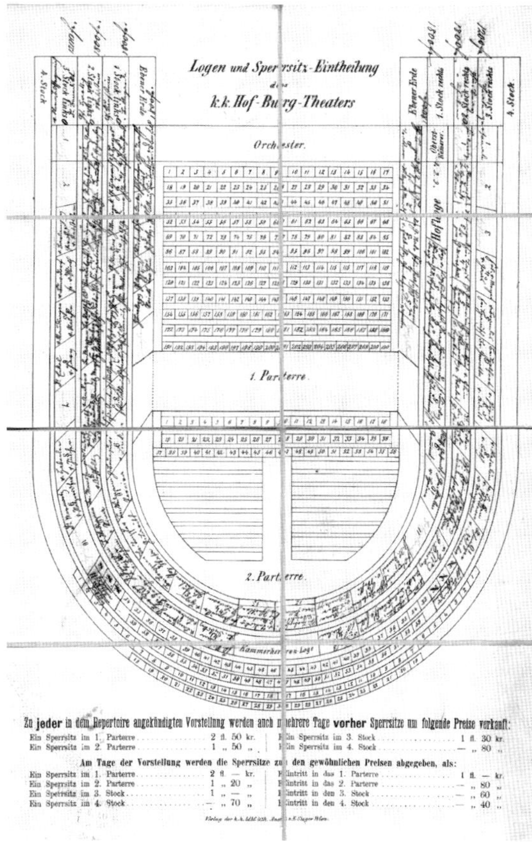
Logen und Sperrsitz-Eintheilung
des
k.k. Hof-Burg-Theaters
Orchester.
1. Parterre
2. Parterre
Kammerherren-Loge
4. Stock
3. Stock links
2. Stock links
1. Stock links
Ebener Erde
1. Stock rechts
2. Stock rechts
3. Stock rechts
4. Stock
Hofloge
Zu jeder in dem Repertoire angekündigten Vorstellung werden auch mehrere Tage vorher Sperrsitze um folgende Preise verkauft:
Ein Sperrsitz im 1. Parterre 2 fl. 50 kr.
Ein Sperrsitz im 2. Parterre 1 „ 50 „
Ein Sperrsitz im 3. Stock 1 fl. 30 kr.
Ein Sperrsitz im 4. Stock — „ 80 „
Am Tage der Vorstellung werden die Sperrsitze zu den gewöhnlichen Preisen abgegeben, als:
Ein Sperrsitz im 1. Parterre 2 fl. — kr.
Ein Sperrsitz im 2. Parterre 1 „ 20 „
Ein Sperrsitz im 3. Stock 1 „ — „
Ein Sperrsitz im 4. Stock — „ 70 „
Eintritt in das 1. Parterre 1 fl. — kr.
Eintritt in das 2. Parterre — „ 80 „
Eintritt in den 3. Stock — „ 60 „
Eintritt in den 4. Stock — „ 40 „

Seite 20

Ein Blick in den Zuschauerraum des Stadttheaters: das voll besetzte Auditorium anlässlich der Saison-Eröffnungsvorstellung, 1917.

Rechte Seite

Die „Girl"-Garderobe des Stadttheaters, 1928: Die hübschen jungen Künstlerinnen bereiten sich für ihre Auftritte vor.

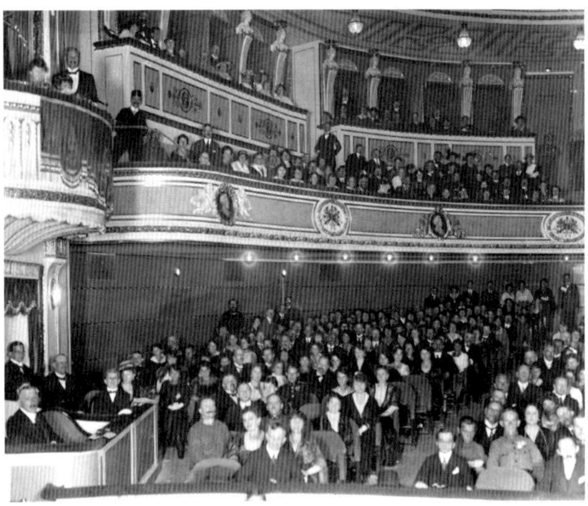

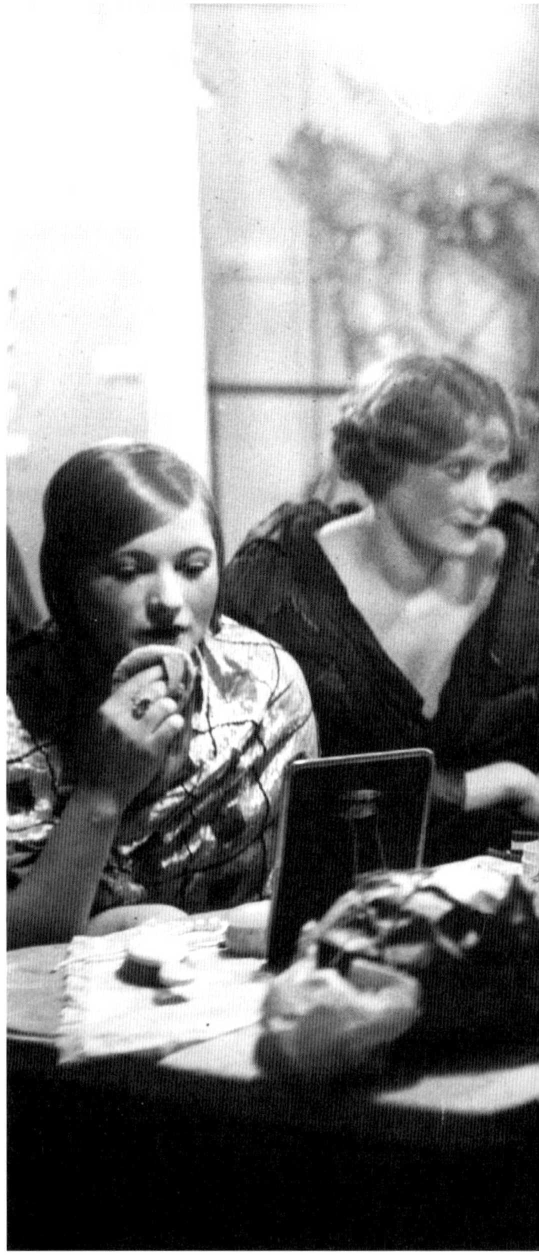

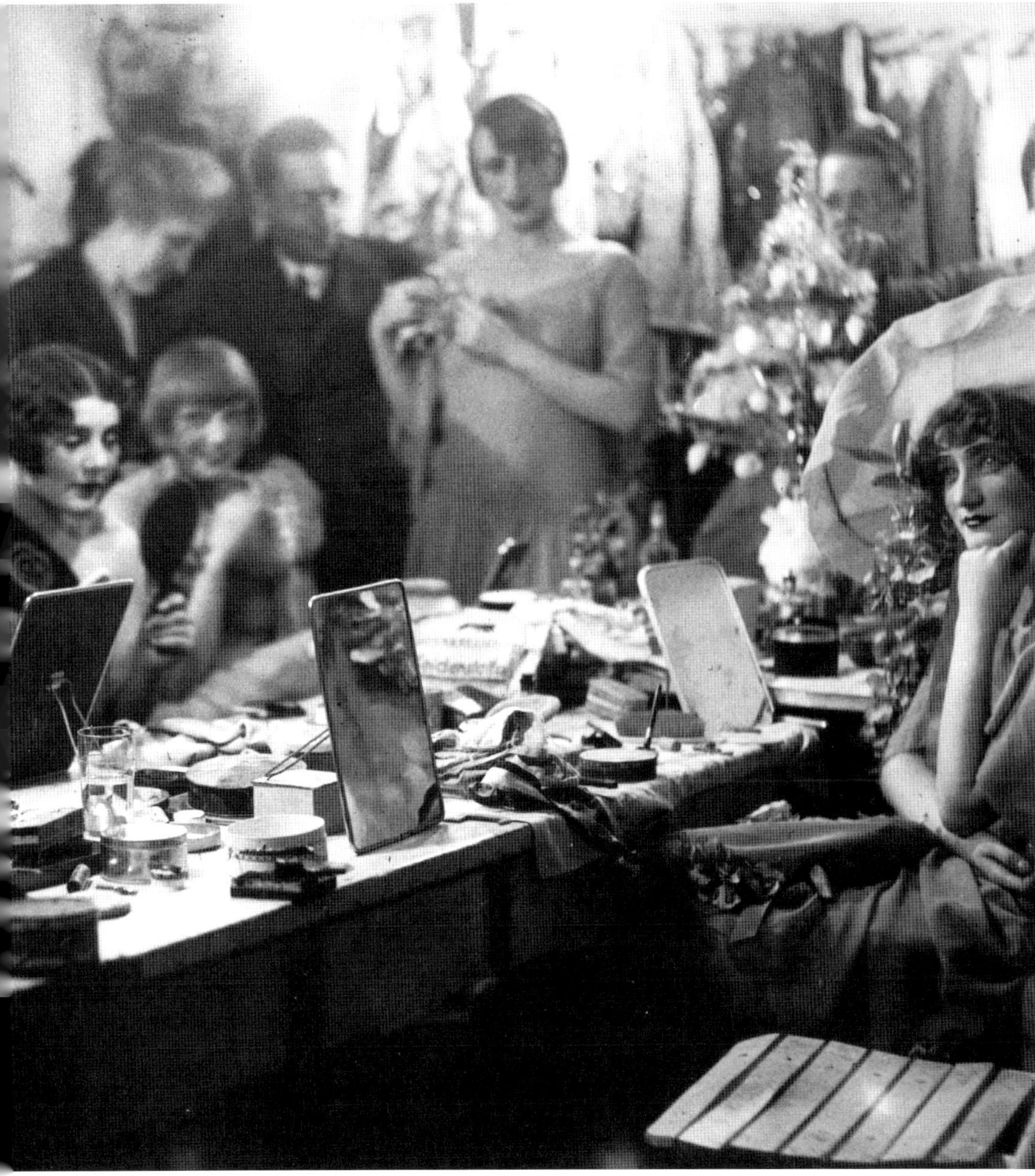

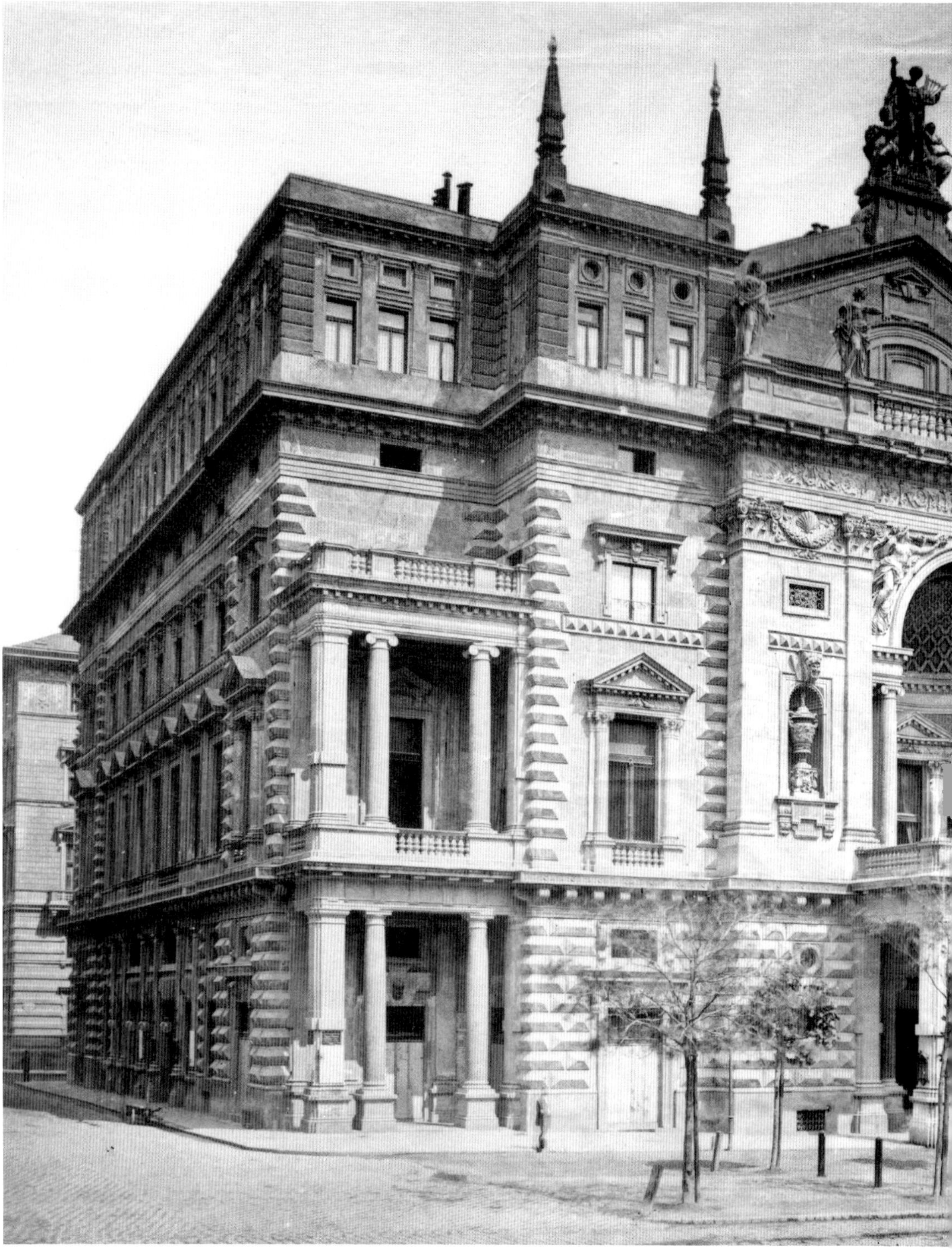

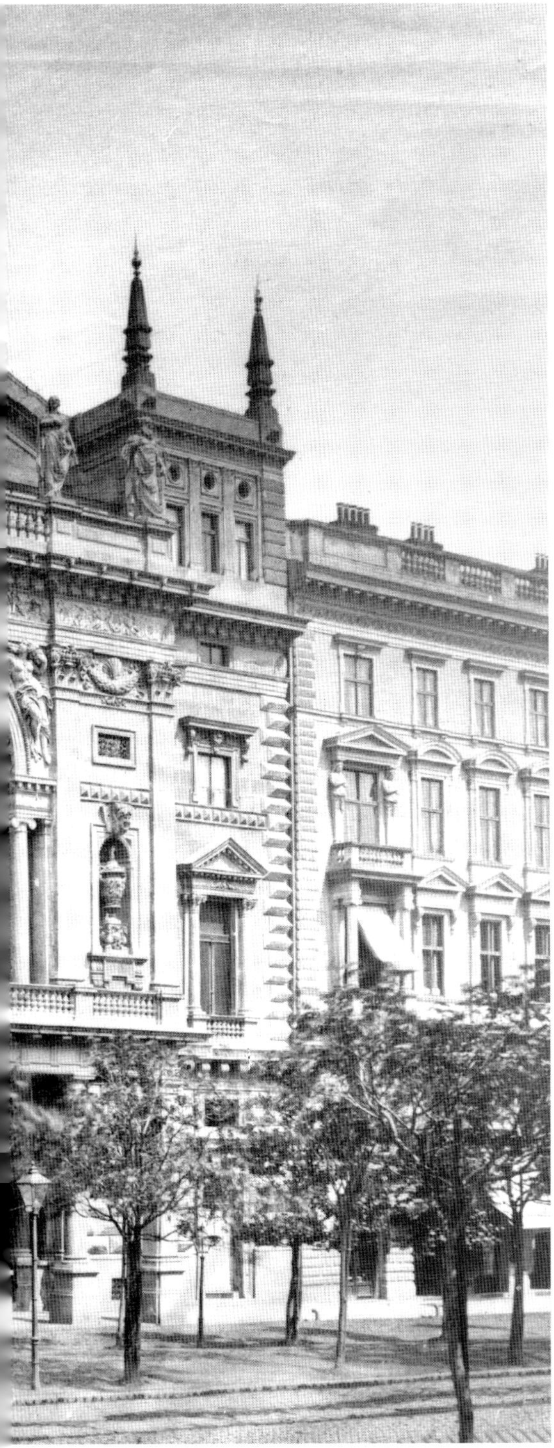

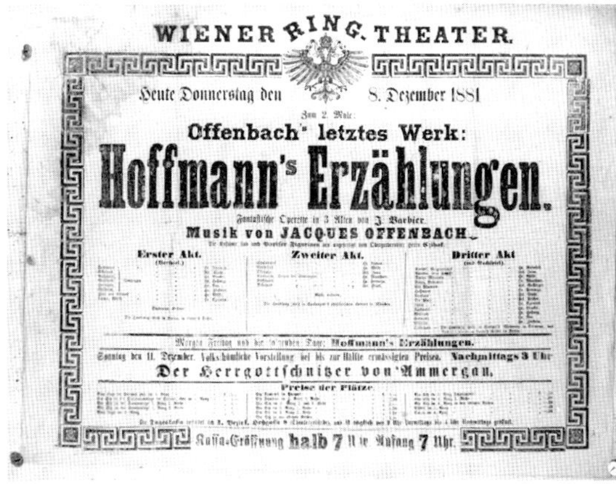


Seite 23

Das imposante Gebäude der „Komischen Oper" am Schottenring 7: In den Jahren 1873–1874 erbaut, wurde das spätere Ringtheater 1874 als „Komische Oper" eröffnet. Es sollte Spielstätte für leichte Spielopern sein. Im Jahre 1878 änderte sich das Repertoire, es wurden fortan deutsche und italienische Opern, Varietés und Schauspiele gegeben, sodass man den Namen in Ringtheater abänderte.

Rechte Seite

„Hoffmann's Erzählungen" von Jacques Offenbach: der Theaterzettel vom Tag des Ringtheater-Brands am 08. Dezember 1881. Nach dem katastrophalen Feuer, das 386 Todesopfer forderte und das Theater völlig vernichtete, ließ Kaiser Franz Joseph aus Privatmitteln anstelle des Theaters das sogenannte „Sühnhaus" errichten. Das Sühnhaus war ein Zinshaus, dessen Zinsertrag wohltätigen Zwecken zugeeignet war. Im zweiten Stock des Hauses erinnerte eine Kapelle an die Opfer des verheerenden Brands. Obschon die Mieten niedrig waren, waren zu Beginn nicht alle Wohnungen belegt. Der Schatten der tragischen Ereignisse lag noch über dem neu errichteten Gebäude. Zu den ersten Mietern zählte Sigmund Freud. 1945 schwer beschädigt, wurde das Sühnhaus 1951 abgetragen.

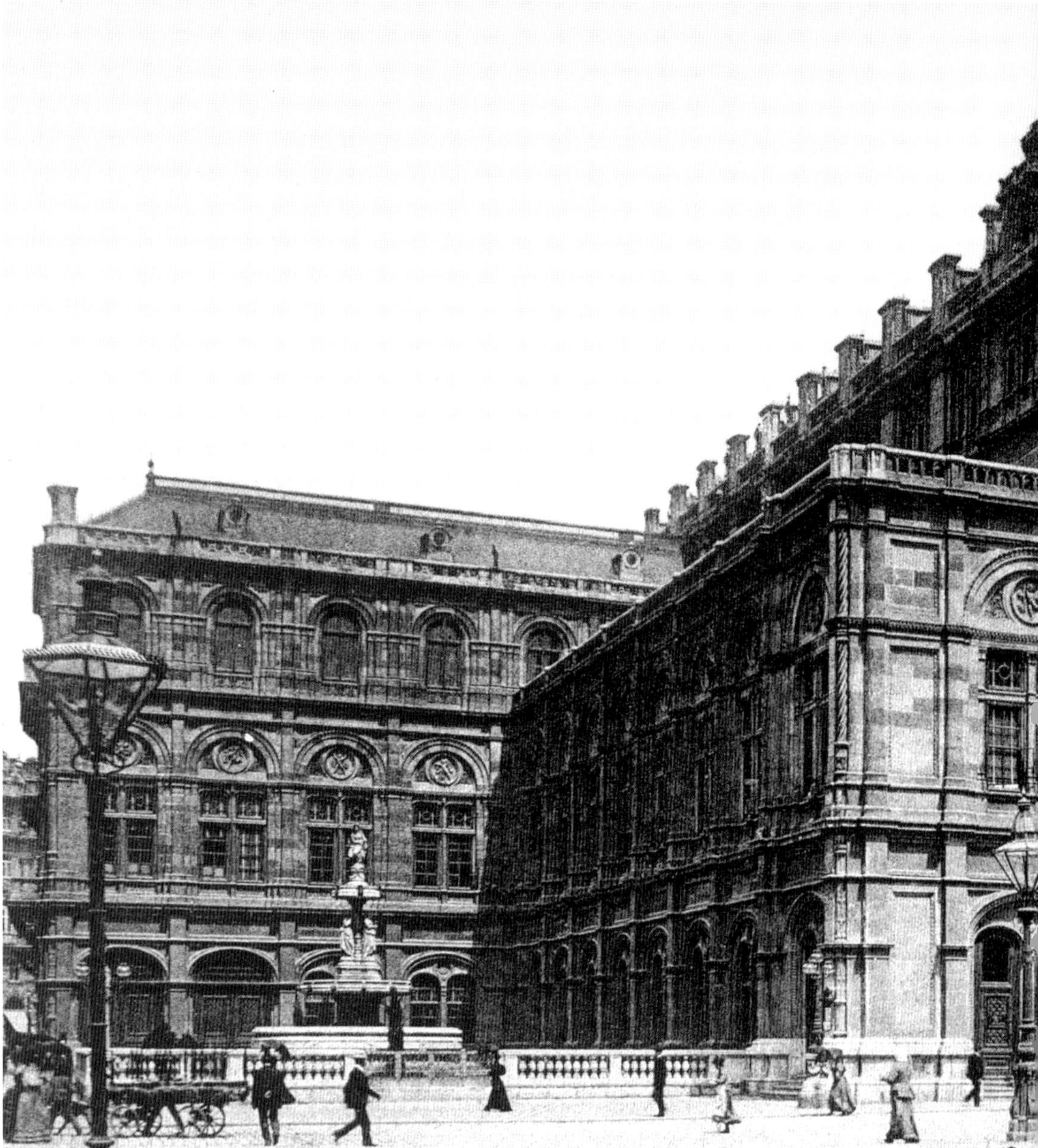

Seite 24

Die Staatsoper, Ende 19. Jahrhundert: Das vormalige Hofoperntheater wurde als erstes Hauptbauwerk und als künstlerisch bedeutender Ringstraßenbau 1861–1869 von August Sicard von Sicardsburg und Eduard van der Nüll errichtet. Der Bau wurde von den Wienern verspottet, die „versunkene Kiste" fand kaum Befürworter. Tragische Folge der herben Kritik war der Selbstmord van der Nülls; Zwei Monate später wurde Sicardsburg Opfer eines Herzinfarkts.

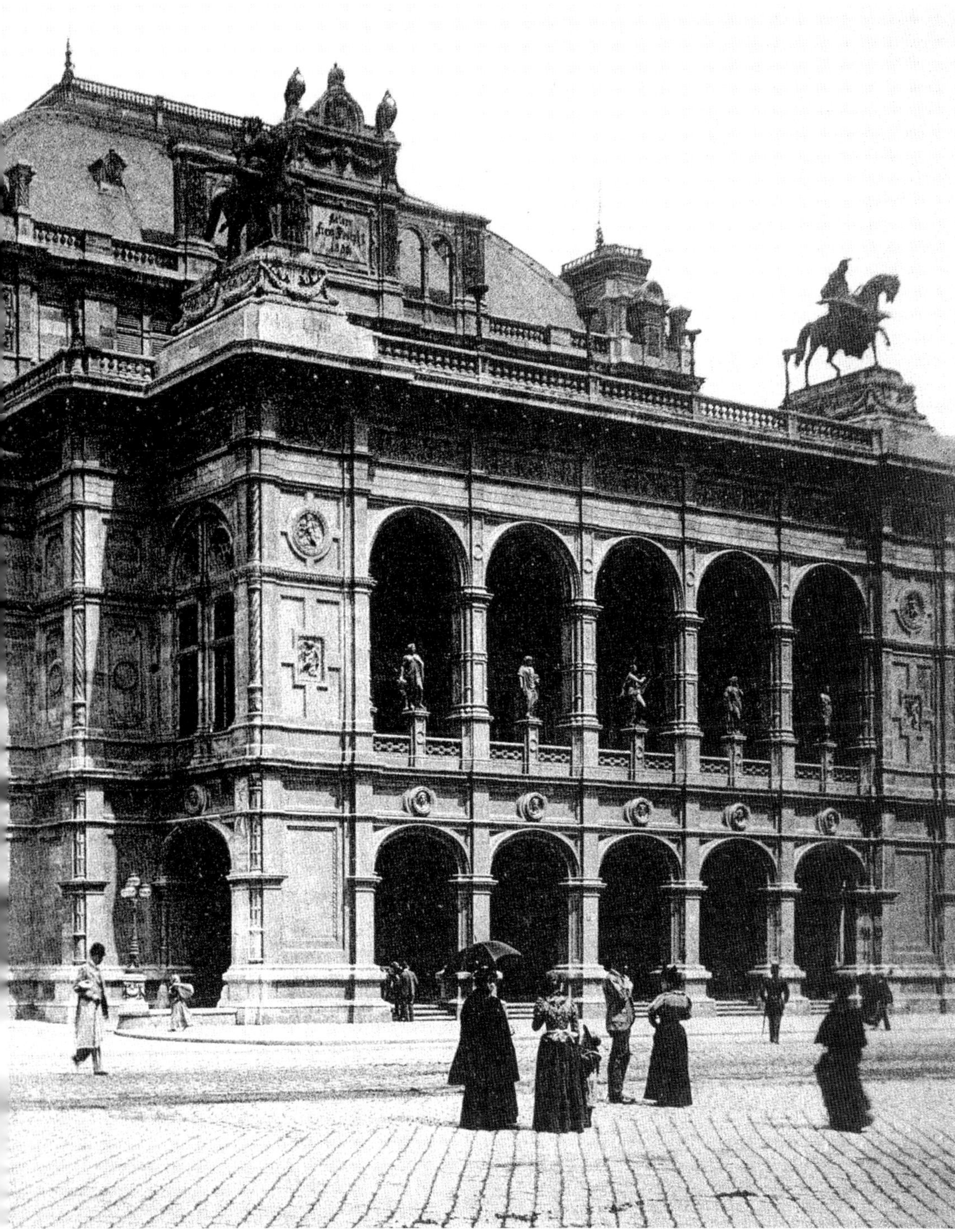

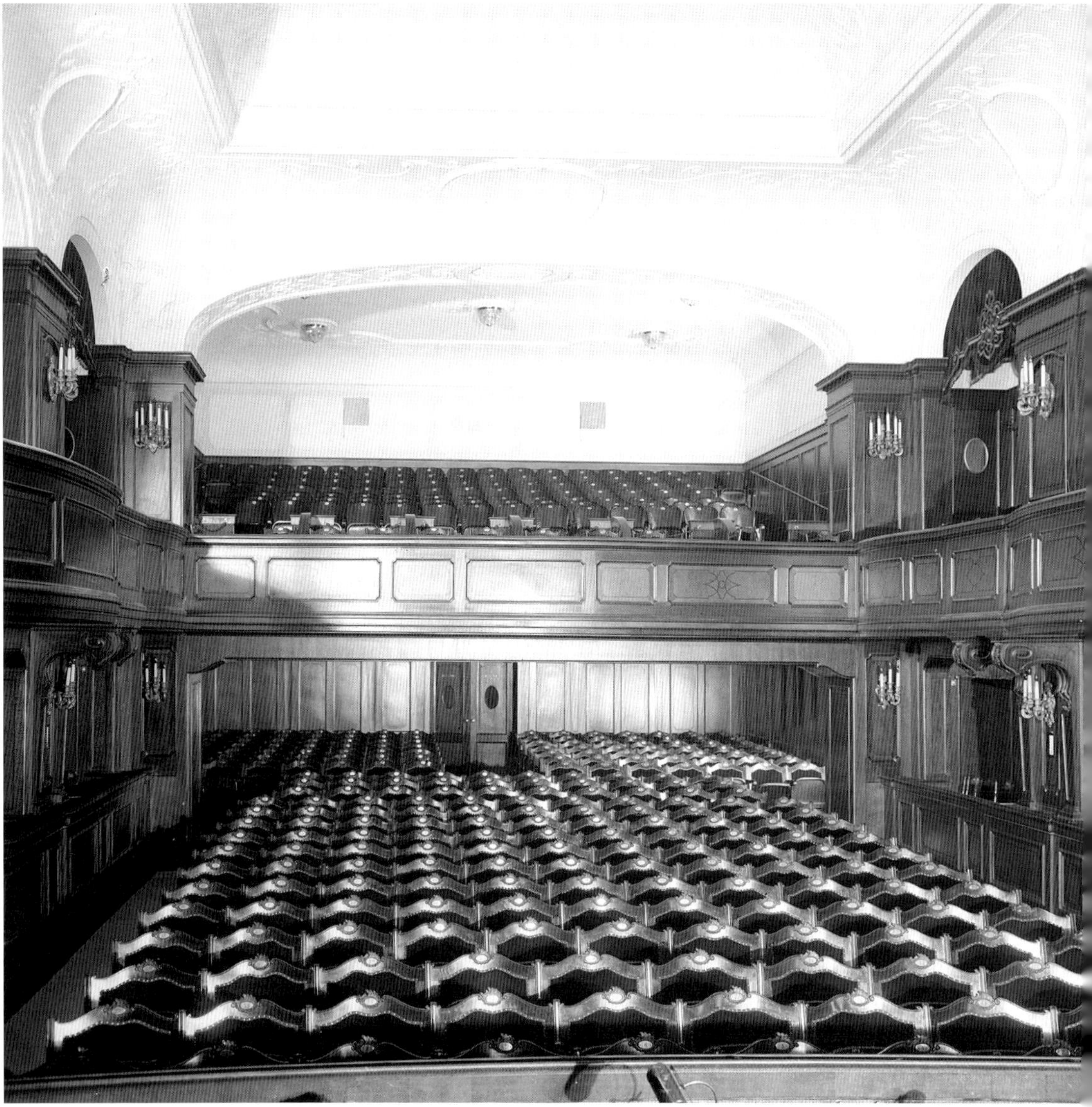

Seite 26

Der Blick in das einst wichtigste experimentelle Theater der Stadt, das 1924 eröffnete „Moderne Theater“ in der Johannesgasse. Der Zuschauerraum des Theaters von der Bühne aus gesehen in einer Aufnahme aus dem Jahre 1923. Kinofreunden wird der Anblick dieses Saales bekannt vorkommen: Es handelt sich um das heutige „Metro“-Kino, das in den späten 1960er-Jahren anlässlich der Wiener Festwochen vorübergehend wieder als Theaterspielstätte genutzt wurde. Noch heute verbirgt sich hinter der Leinwand die Bühne des einstigen Theaters.

Rechte Seite

Eine Szene aus Stefan Zweigs Kammerspiel „Legende eines Lebens“ im Modernen Theater (1946), das ein Jahr vor dieser Aufnahme in „Die Insel in der Komödie“ umgetauft wurde.

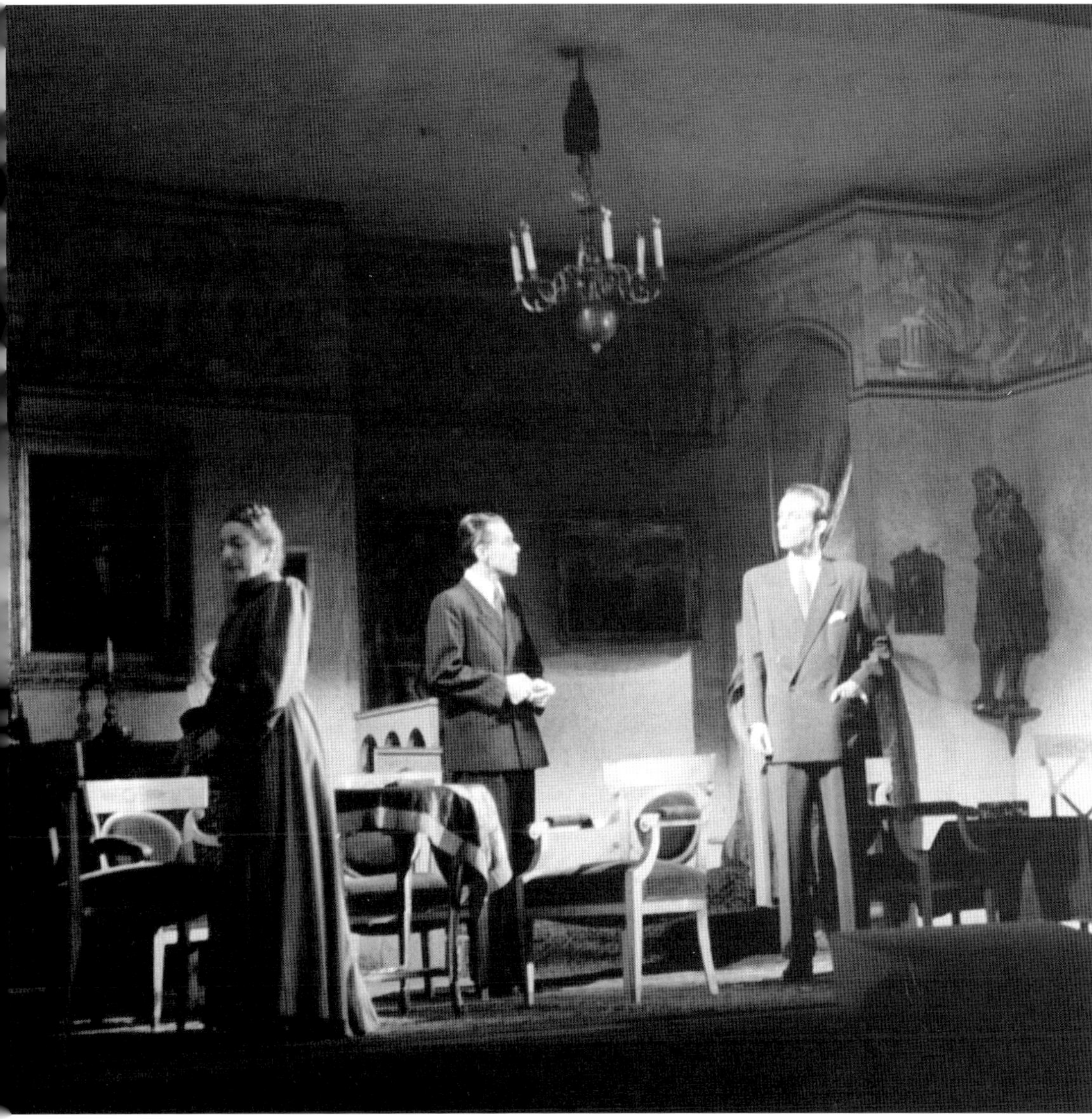

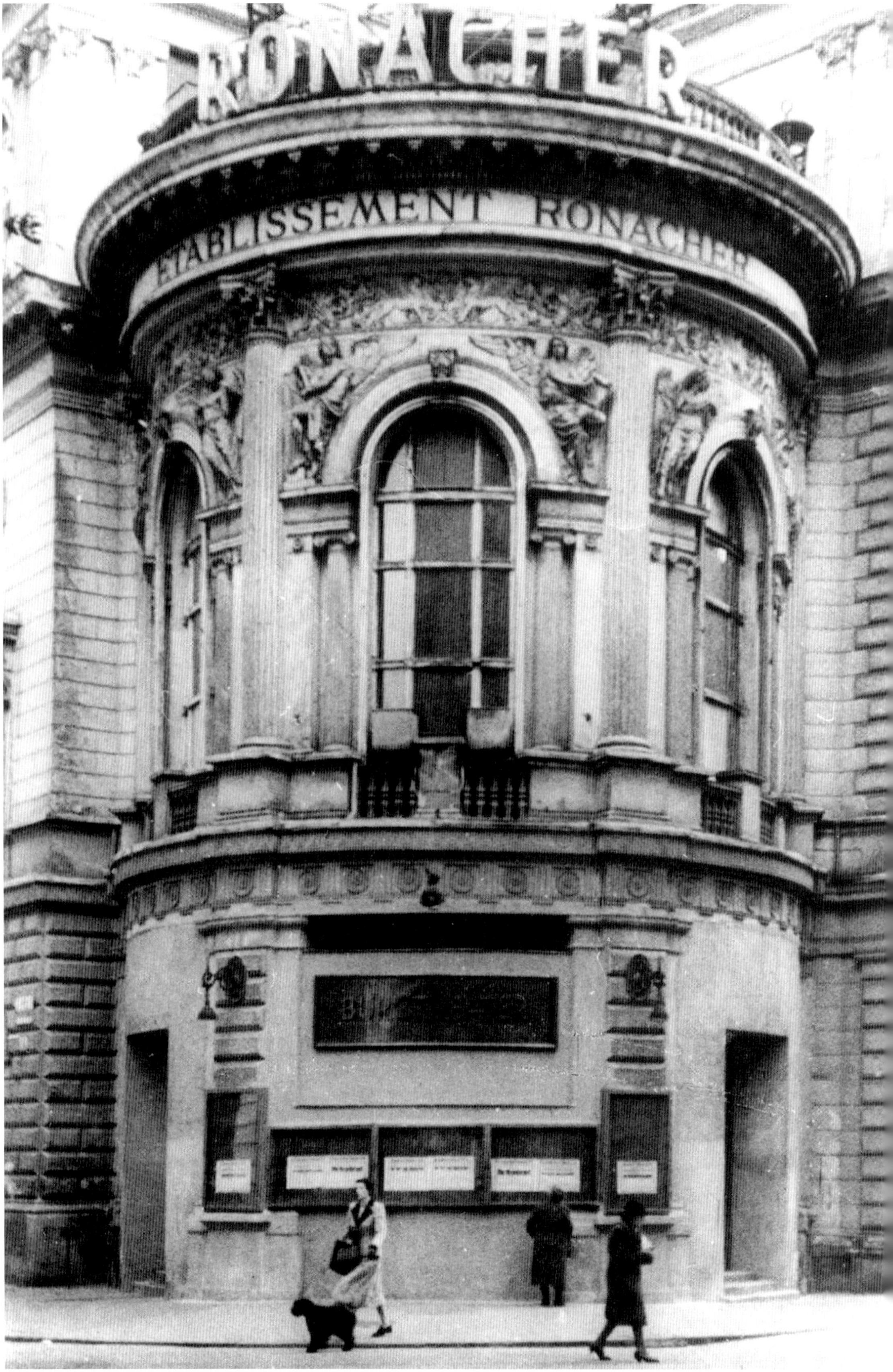
RONACHER
ETABLISSEMENT RONACHER

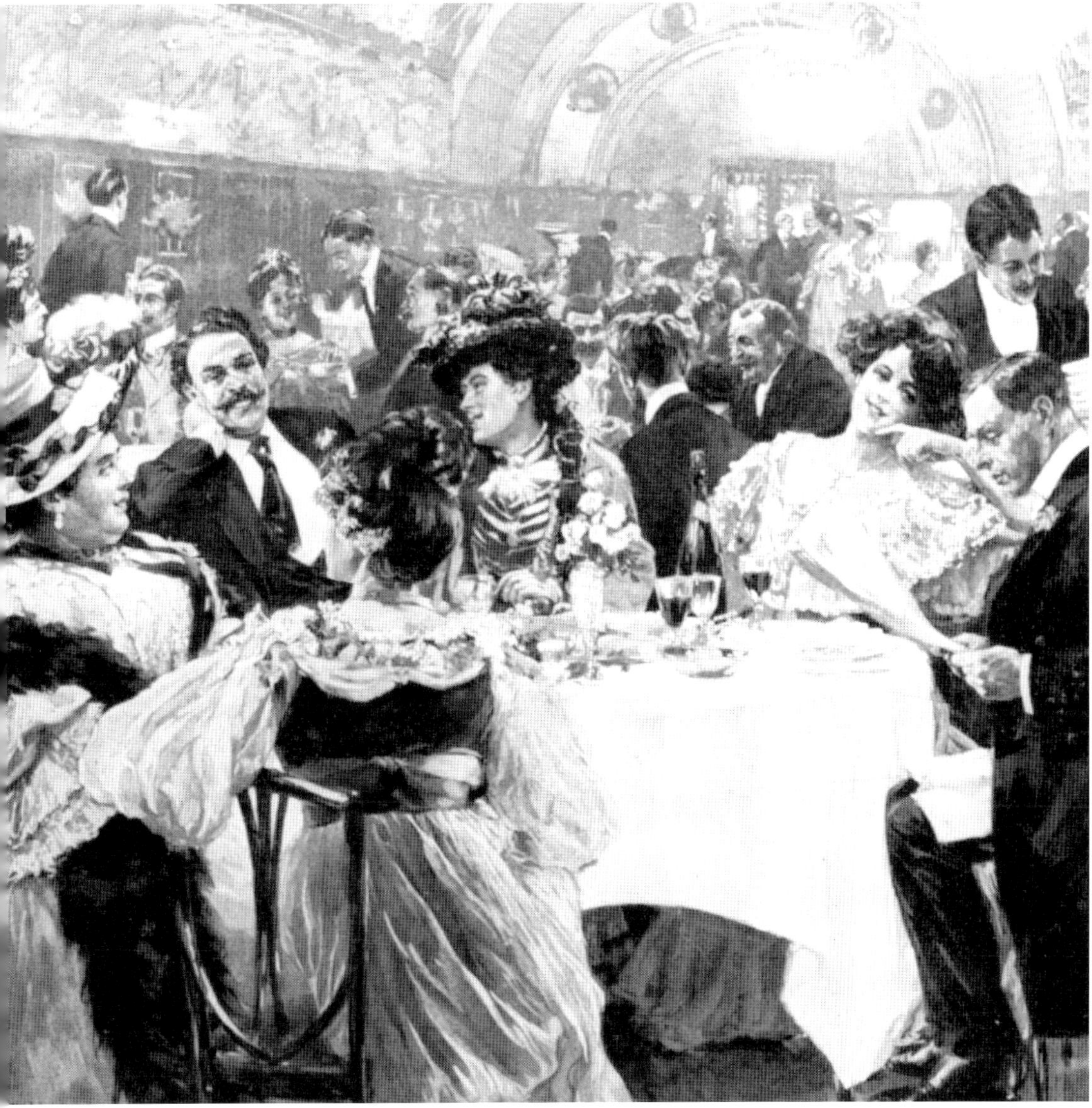

Seite 29

Das „Ronacher", damals als Ausweichquartier für das Burgtheater genutzt, in einer Aufnahme von 1946. Diese Theaterspielstätte wurde 1871–1872 von Ferdinand Fellner dem Älteren erbaut und von Heinrich Laube als Wiener Stadttheater geführt. Im Jahre 1884 fiel es einem Brand zum Opfer, die Ruine wurde von Anton Ronacher gekauft. Wenige Jahre danach, 1887–1888, gab Ronacher den Auftrag zum Wiederaufbau. Ferdinand Fellner der Jüngere und Hermann Helmer bauten ein „Concert- und Ballhaus", das 1888 als „Etablissement Ronacher" eröffnet wurde. Der Theaterbetrieb bot Revuen, Varietés sowie Operetten-Gastspiele, Tanz- und Gesangssolisten.

Rechte Seite

Nach einem Besuch im Theater begab man sich gerne zu Speis und Trank in eines der vornehmen Restaurants der Stadt, um 1900.

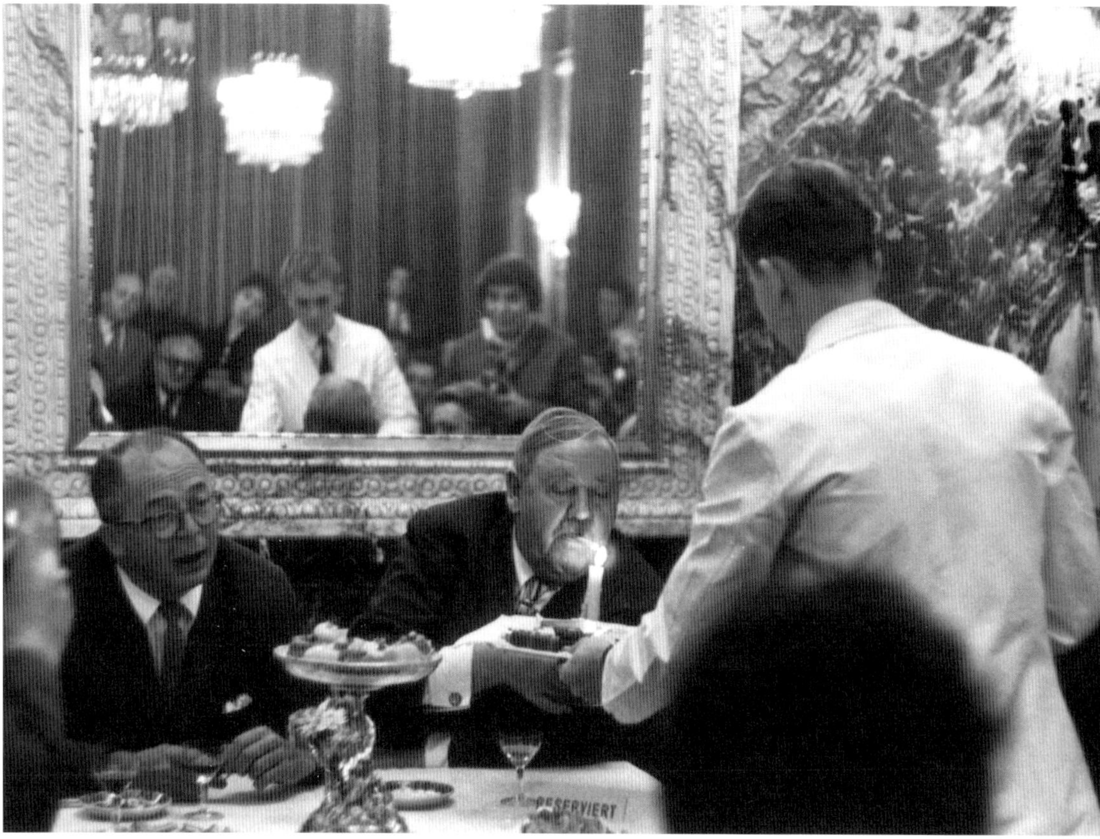
RESERVIERT

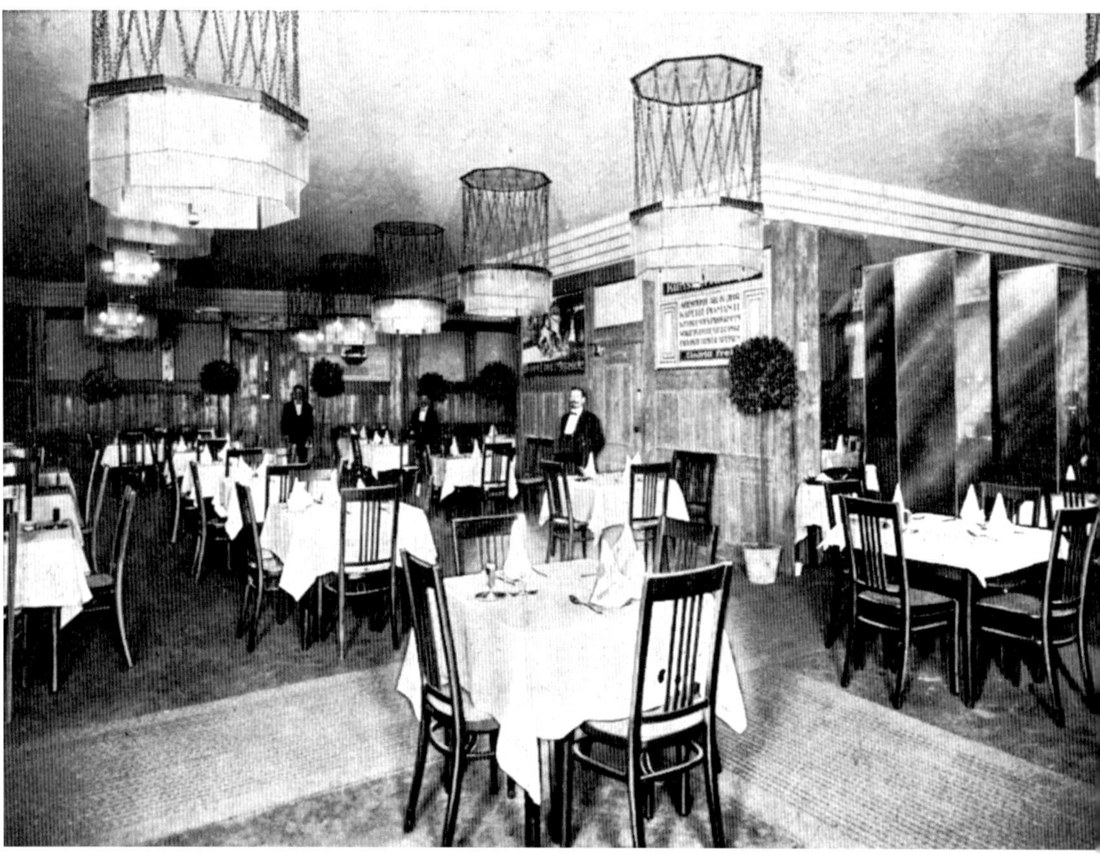

Seite 31

Billy Wilder und Charles Laughton: Zwei Größen des Films zu Gast im Hotel Sacher in Wien.

In der Wollzeile 34 befand sich bis 1912 die „Kleine Bühne“, danach war hier bis zum Jahre 2000 das „Elite Kino“ untergebracht. Das „Elite Kino“ zählte ab 1930 zu den ersten Tonkinos der Stadt. Das Bild zeigt noch das Interieur des Speiseraums des Souterrain-Restaurants, um 1910.

Rechte Seite

Im Rathauskeller: Das Ensemble der Aufführung von „Porgy und Bess“ an der Wiener Volksoper tritt für Wiener Schauspieler auf, 1952.

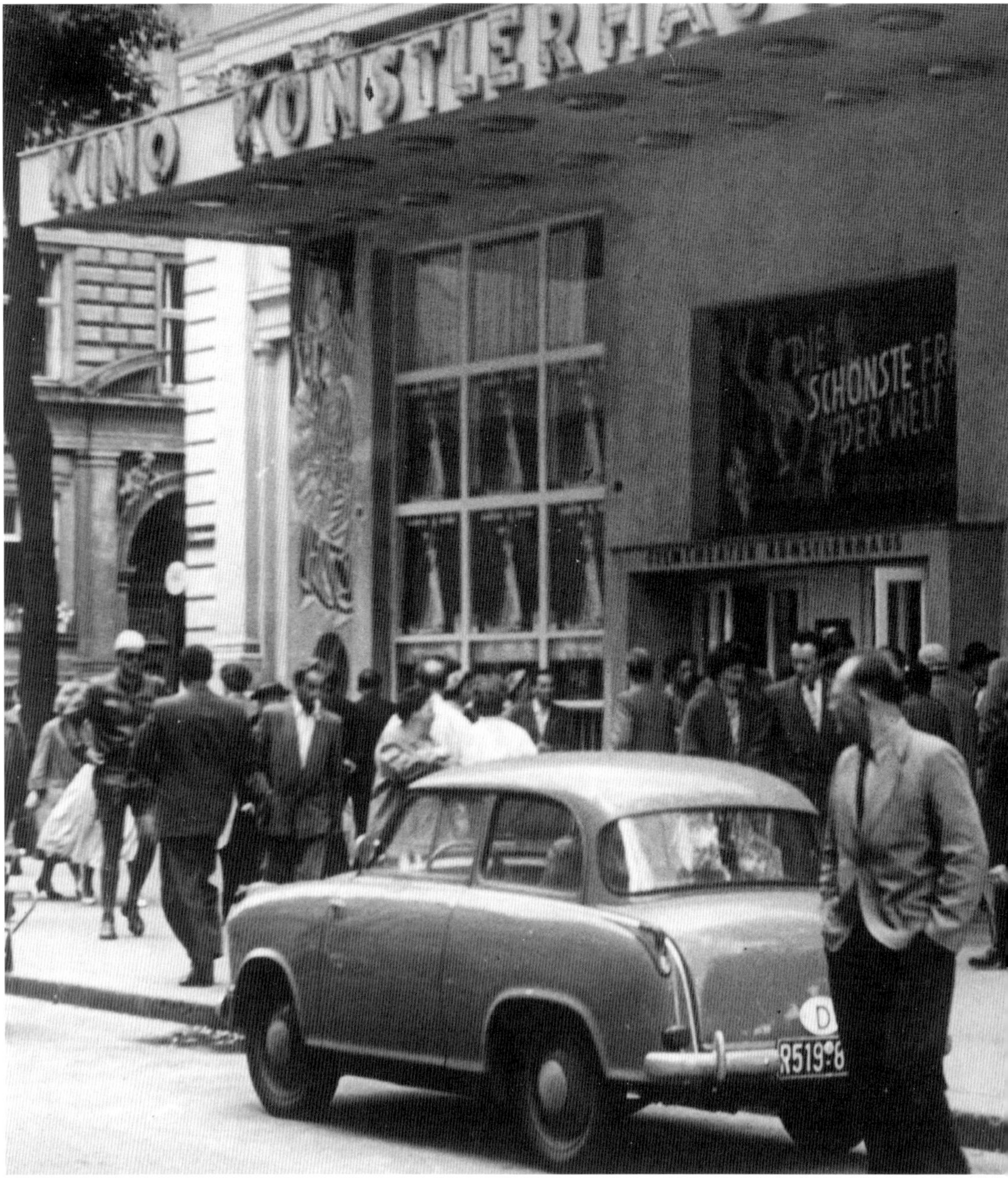


Seite 32

„Künstlerhaus-Kino“, 1956: Das Kino im Seitentrakt des Künstlerhauses gibt es seit dem Jahre 1947.

Rechte Seite

Das Künstlerhaus in einer frontalen Gesamtansicht. Das von der Gesellschaft bildender Künstler Österreichs in den Jahren 1865–1868 errichtete Künstlerhaus dient seither als Ausstellungszentrum für Malerei, Bildhauerei, Architektur und angewandte Kunst.

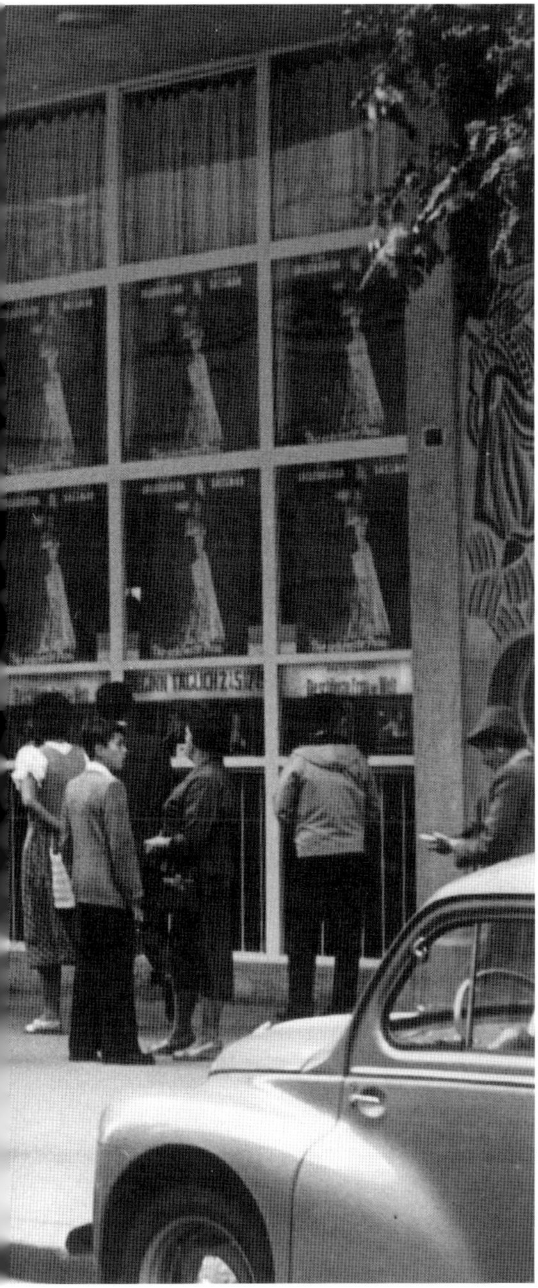

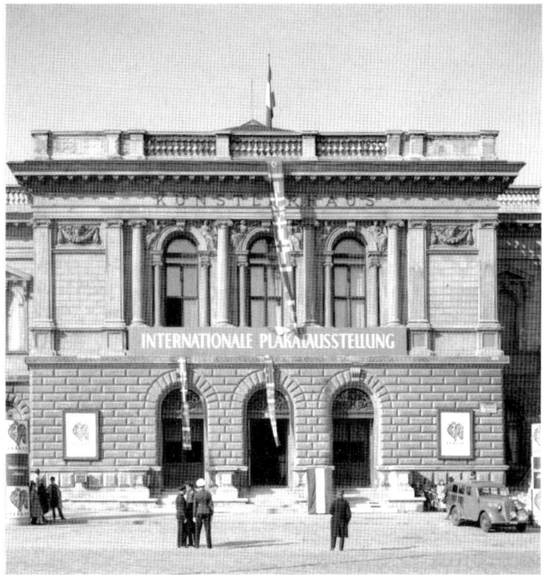

KÜNSTLERHAUS
INTERNATIONALE PLAKATAUSSTELLUNG

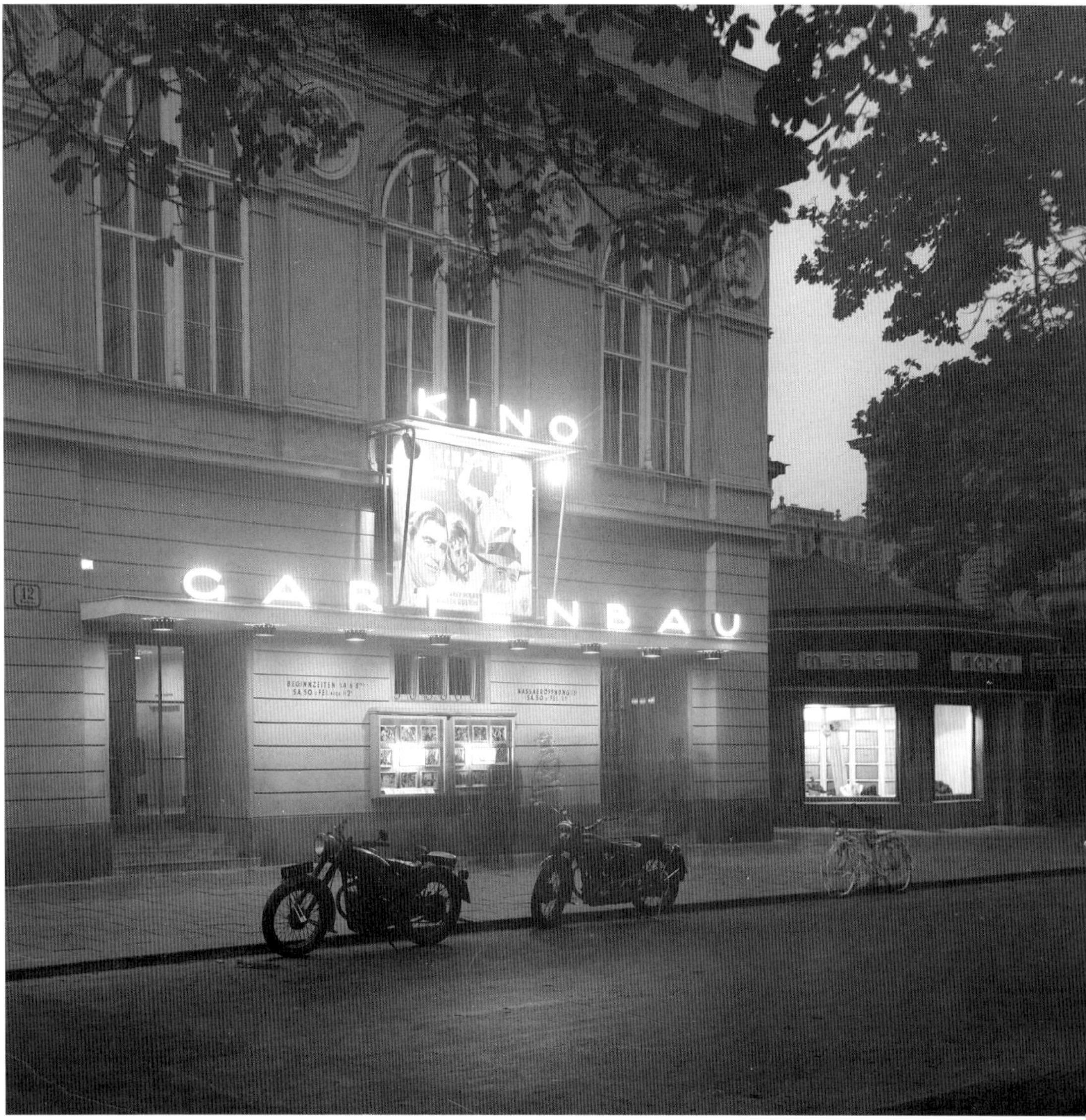


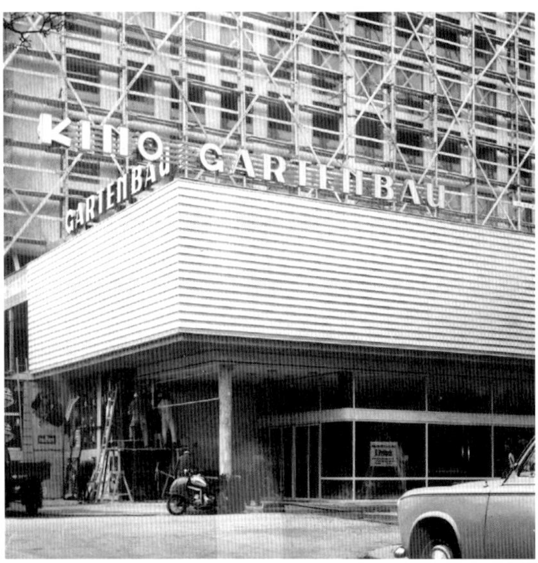


Seite 34

Das ehemalige Hauptgebäude des 1919 eröffneten „Gartenbau"-Kinos: Teilansicht mit Kinoeingang, in einer Abendaufnahme um 1950.

Das neue „Gartenbau"-Kino, 1960. Den Namen verdankt die Spielstätte der k.u.k. Gartenbau-Gesellschaft, in deren ehemaligem Ausstellungssaal das Kino eingerichtet wurde. Erster Betreiber war der Verein „Gesellschaft vom Silbernen Kreuz", die zuvor das „Kreuz Kino" betrieben hatte.

Rechte Seite

„Kreuz-Kino" in der Wiener Wollzeile 17.

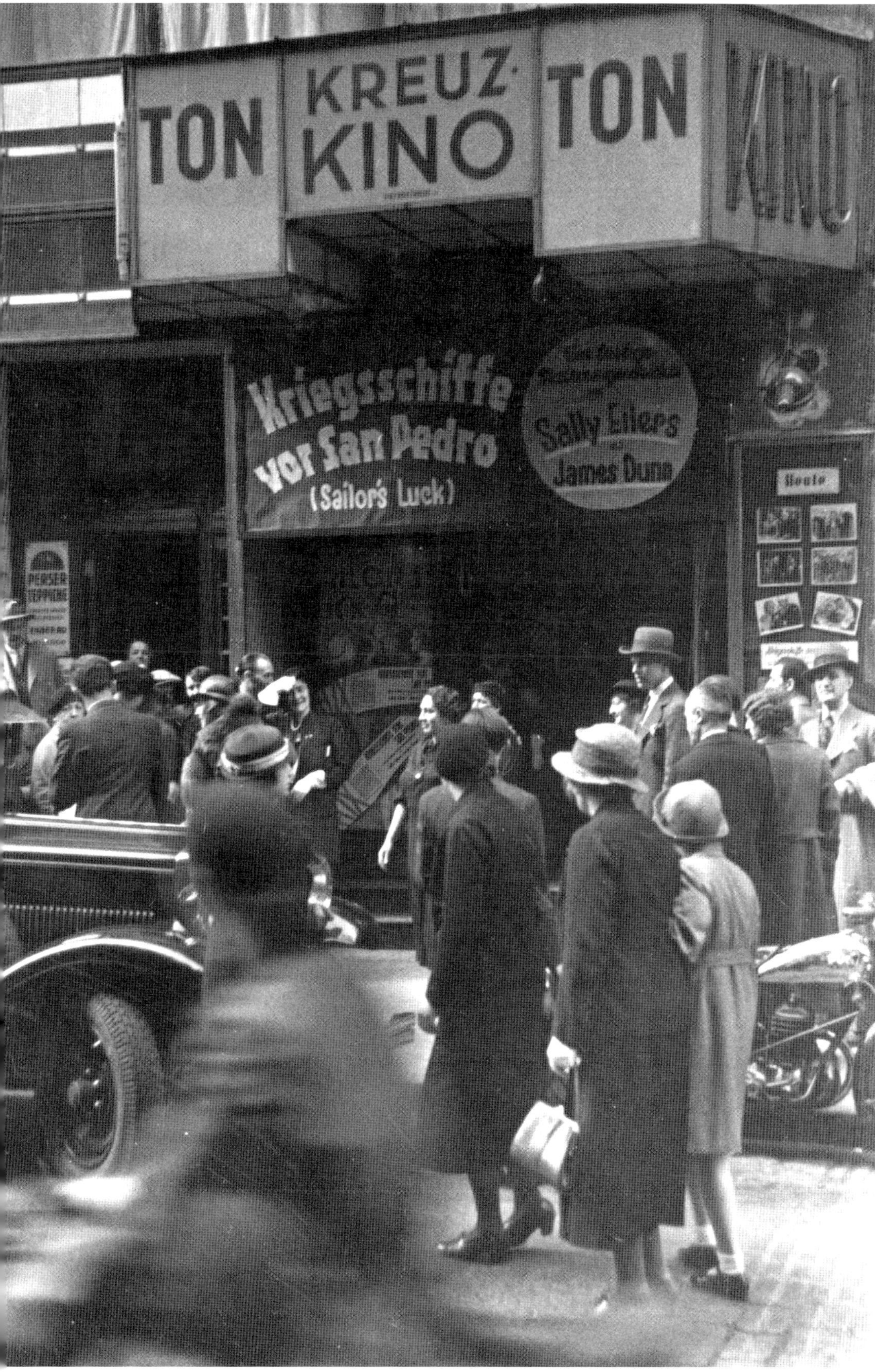
TON
KREUZ-
KINO
TON
KINO
Kriegsschiffe
vor San Pedro
(Sailor's Luck)
Sally Eilers
James Dunn
Heute
PERSER
TEPPICHE

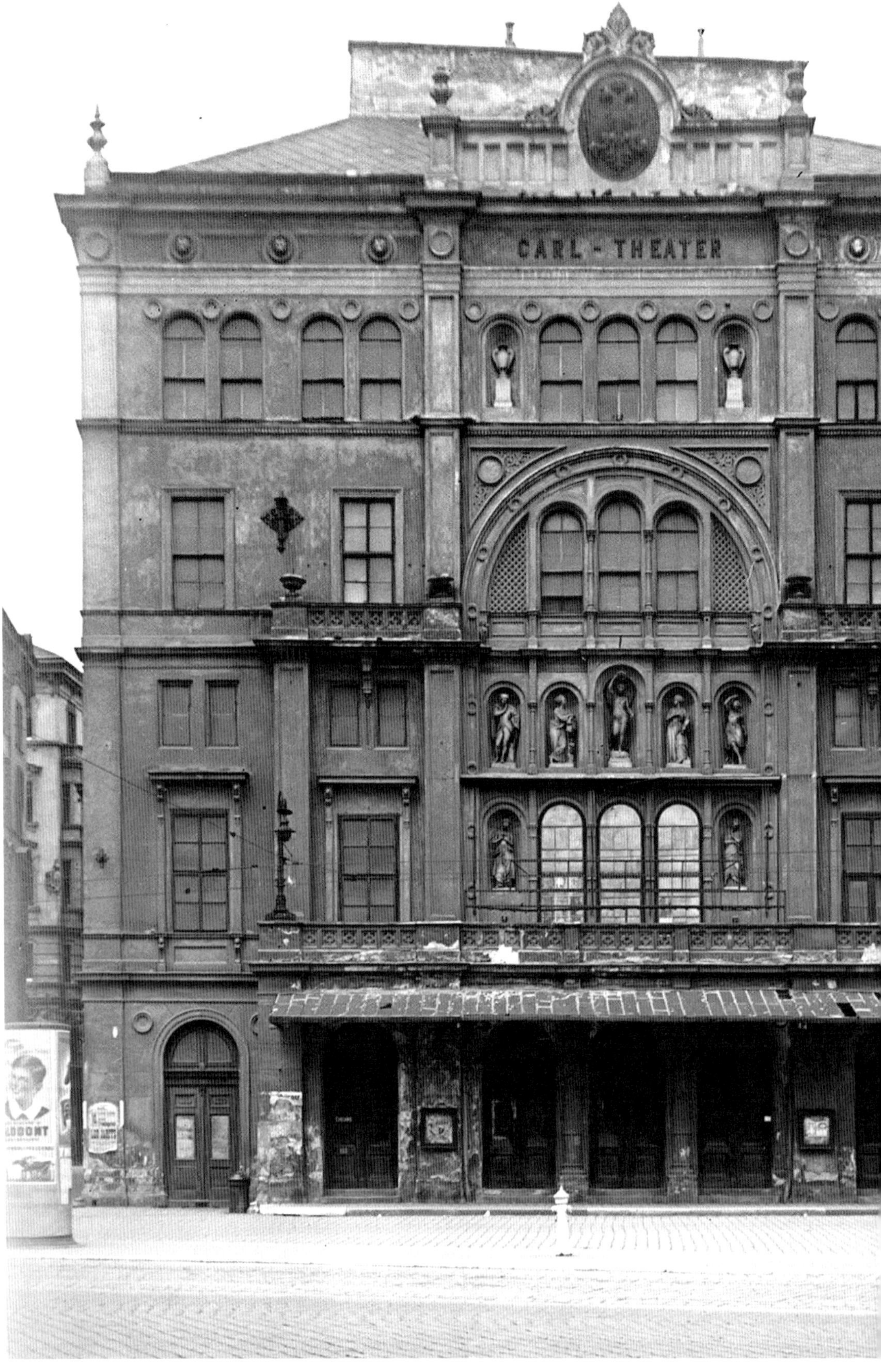
CARL - THEATER

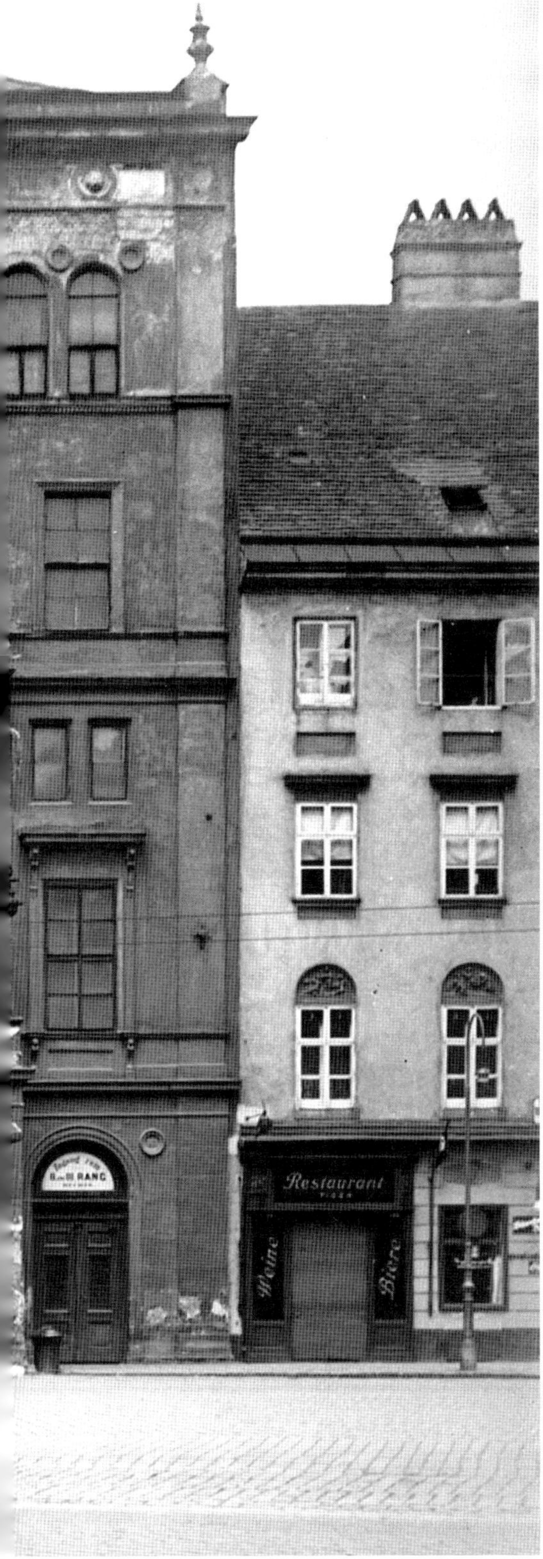

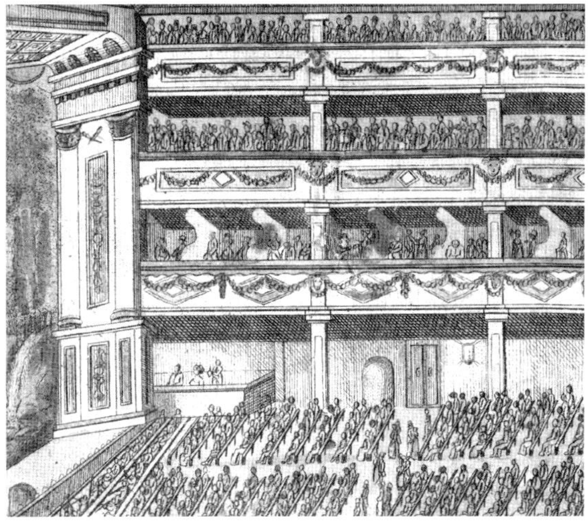

Seite 37

Das „Carltheater“, vormals „Leopoldstädter Theater“, in der Praterstraße 31 in einer Frontalansicht. Im Jahre 1781 wurde mit dem Leopoldstädter Theater das erste Wiener Vorstadttheater gegründet. Hier feierte Ferdinand Raimund, der auch zwei Jahre Direktor des Hauses war, große Erfolge. Den Namen „Carltheater“ erhielt es von seinem späteren Besitzer Carl Carl (eigentlich Bernbrunn), der es renovieren sowie modernisieren ließ. Mit Johann Nestroy an der Spitze des Ensembles konnte das nunmehrige Carltheater an die Erfolge von einst anschließen. Bis zur Jahrhundertwende hielt sich das Carltheater als eine der beliebtesten Volkstheater- und Operettenbühnen der Stadt. 1929 wurde das Theater geschlossen.

Rechte Seite

„Leopoldstädter Theater“: Innenansicht des voll besetzten Hauses. Der Innenraum des Theaters wurde bei einem Bombenangriff 1944 fast völlig zerstört. An der Stelle des schönen Hauses findet sich heute ein Bürogebäude, eine Gedenktafel, die an das legendäre Theater erinnert, sucht man vergebens.

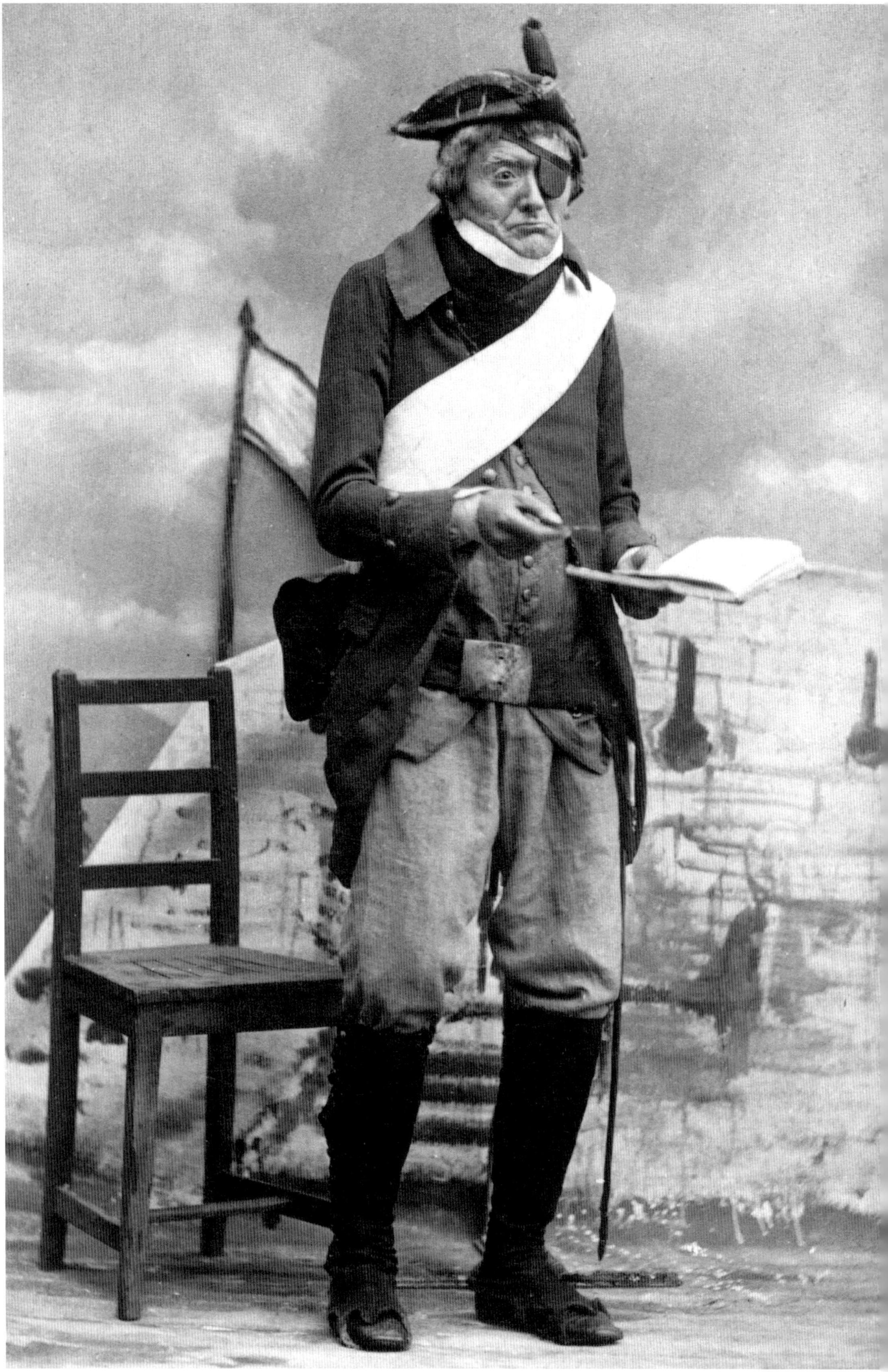

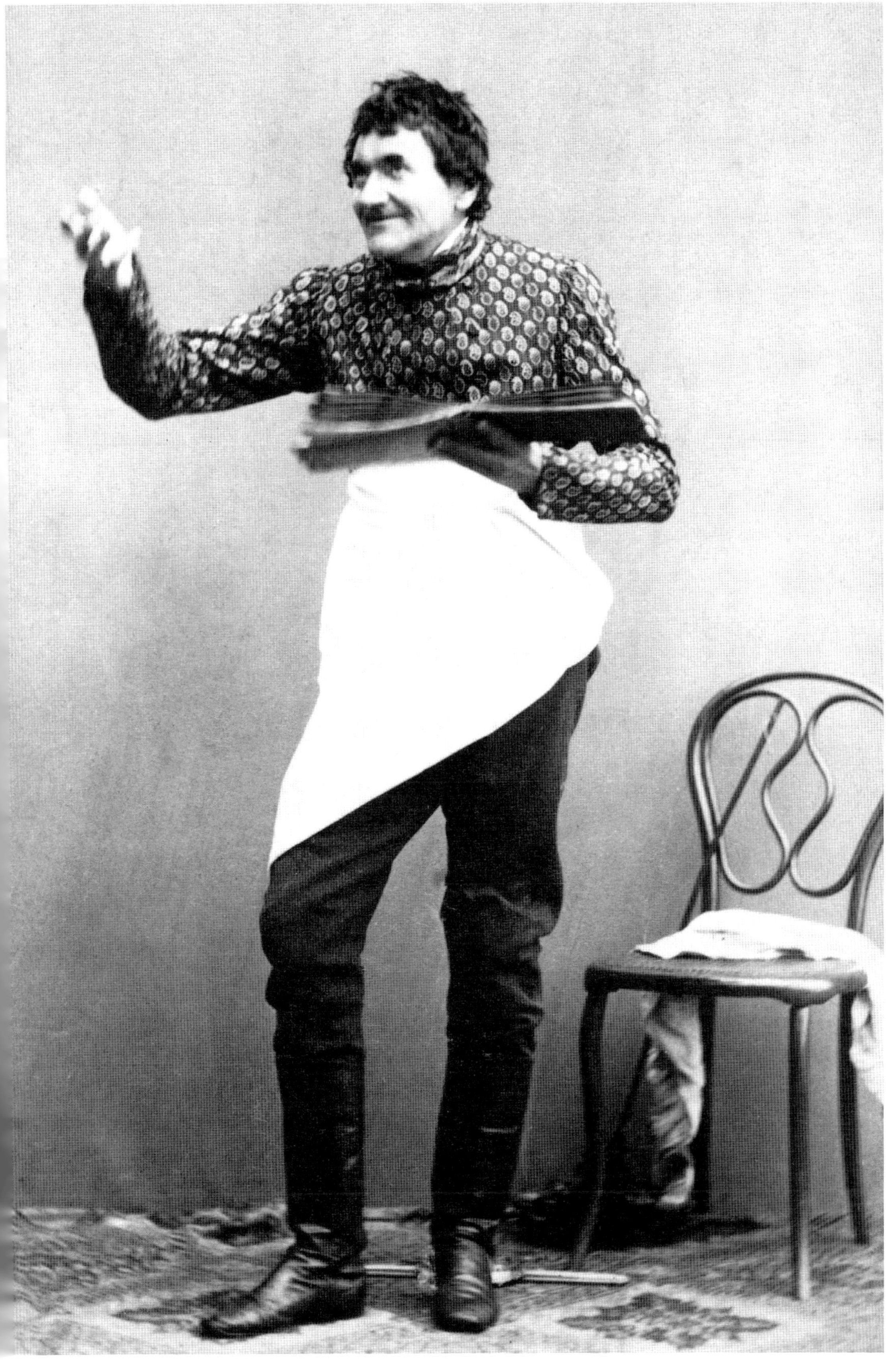

Vorherige Seiten

Der wandelbare Johann Nestroy in unterschiedlichen Rollen und Kostümen: links in seinem Stück „Zwölf Mädchen in Uniform“ (1827) als Sansquartier, rechts als Knitsch in „Der gebildete Hausknecht“ (1857). Beide Bilder wurden um 1860 aufgenommen.

Johann Nepomuk Eduard Ambrosius Nestroy (1801–1862) war ein vielseitiger Künstler, er war als Schauspieler, Sänger sowie als satirisch-humoristischer Dramatiker bekannt. In Alexander Bergens Posse „Eine Vorlesung bei der Hausmeisterin“, um 1860, glänzt er strickend als Frau Maxl in einer Damenrobe mit schickem Häubchen.

Rechte Seite

Als Tratschmiedl in seinem Stück „Der Tritschtrasch“ (1833) um 1860.

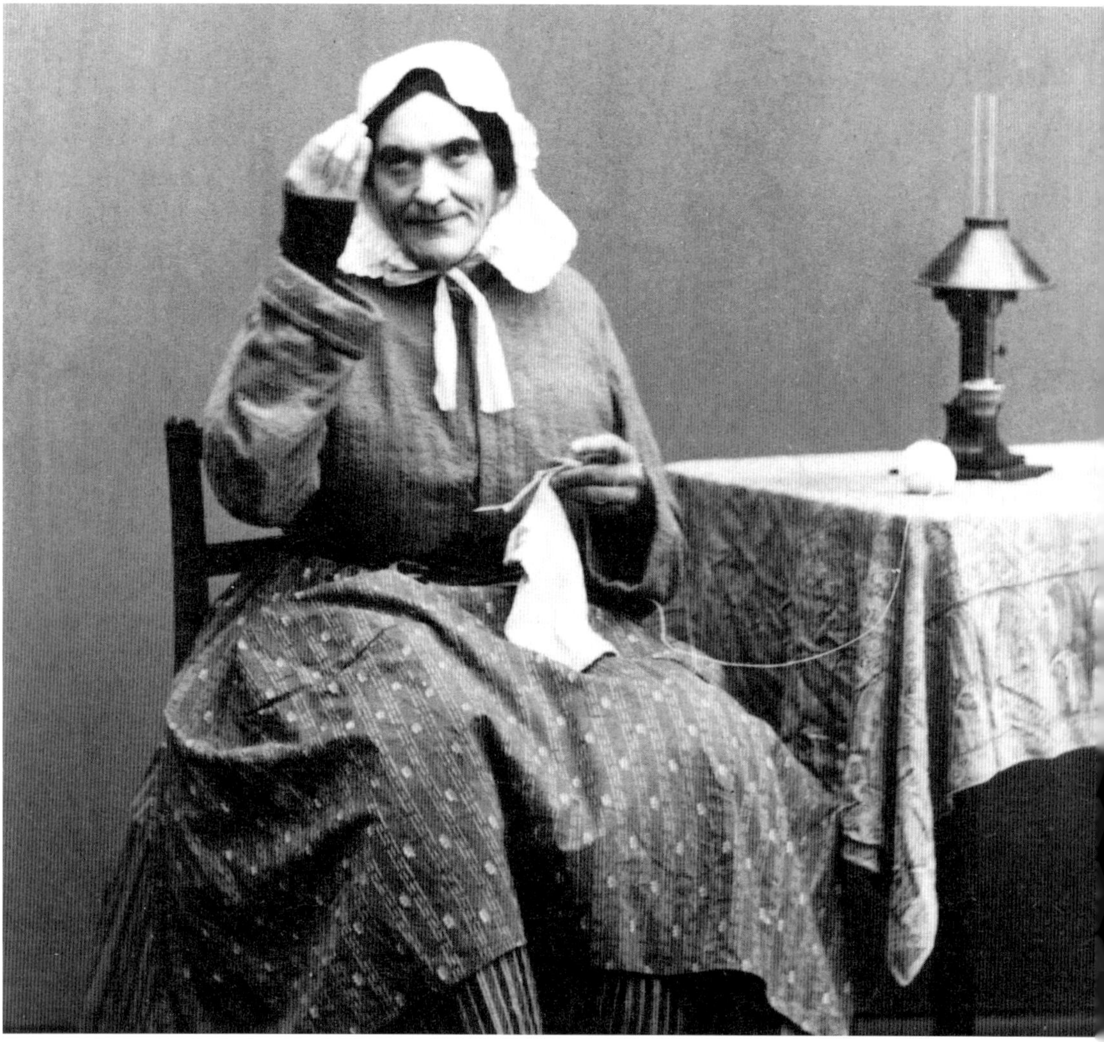

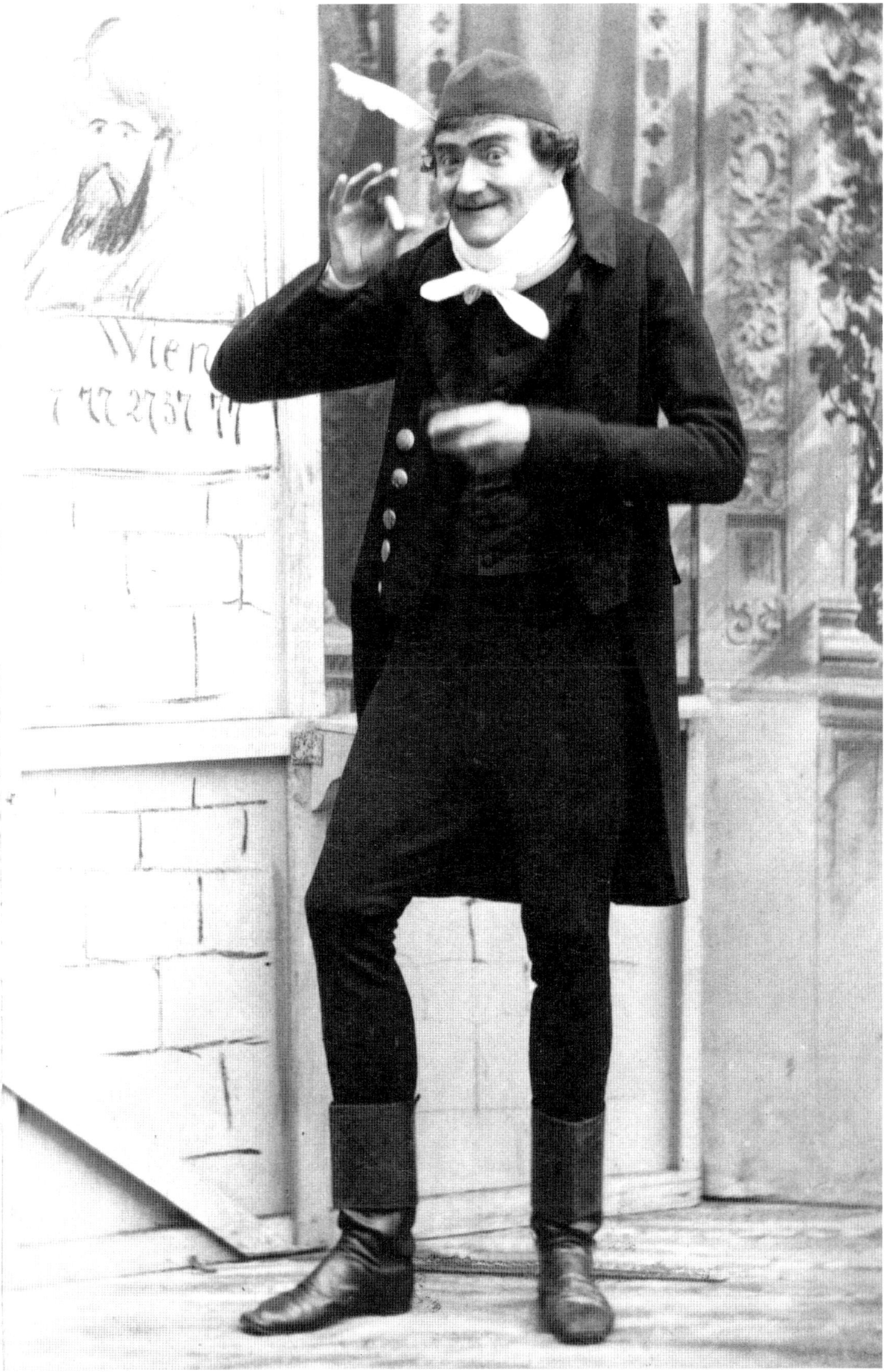
Wien

Seite 42

Das beeindruckende Rotundentor mit direktem Blick auf das Rotundenhauptgebäude.

Rechte Seite

Die Rotunde wurde anlässlich der Weltausstellung von 1873 errichtet. Hier gab Alexander Girardi im Jahre 1885 im Zuge der Gründungsfeierlichkeiten zur Eröffnung erstmals das „Fiakerlied" zum Besten. Die Eröffnung stand unter keinem guten Stern: Zum einen war das Gebäude noch unfertig und zum anderen litt die Stadt gerade unter einem Hochwasser. Der Unbilden nicht genug, folgte den Wassermassen eine Choleraepidemie, welche den Besucherandrang gering hielt und so die Weltausstellungshoffnungen zu Grabe trug. In den folgenden Jahren fanden aber dennoch viele umjubelte Veranstaltungen wie Zirkusvorstellungen, Ausstellungen und vieles mehr hier statt. 1937 fiel die Rotunde einem Brand zum Opfer. Heute befindet sich die Wiener Messe auf dem Areal.

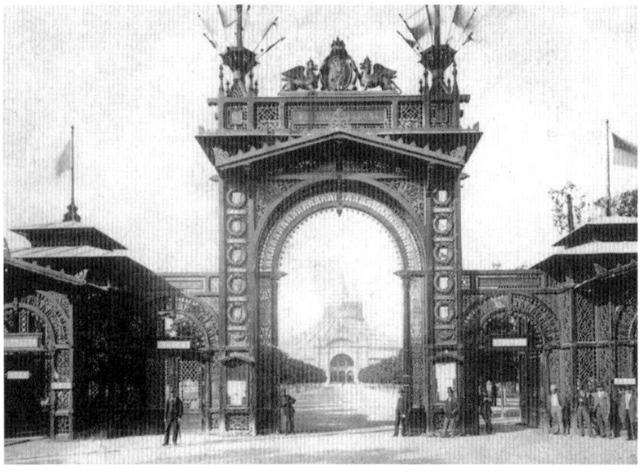

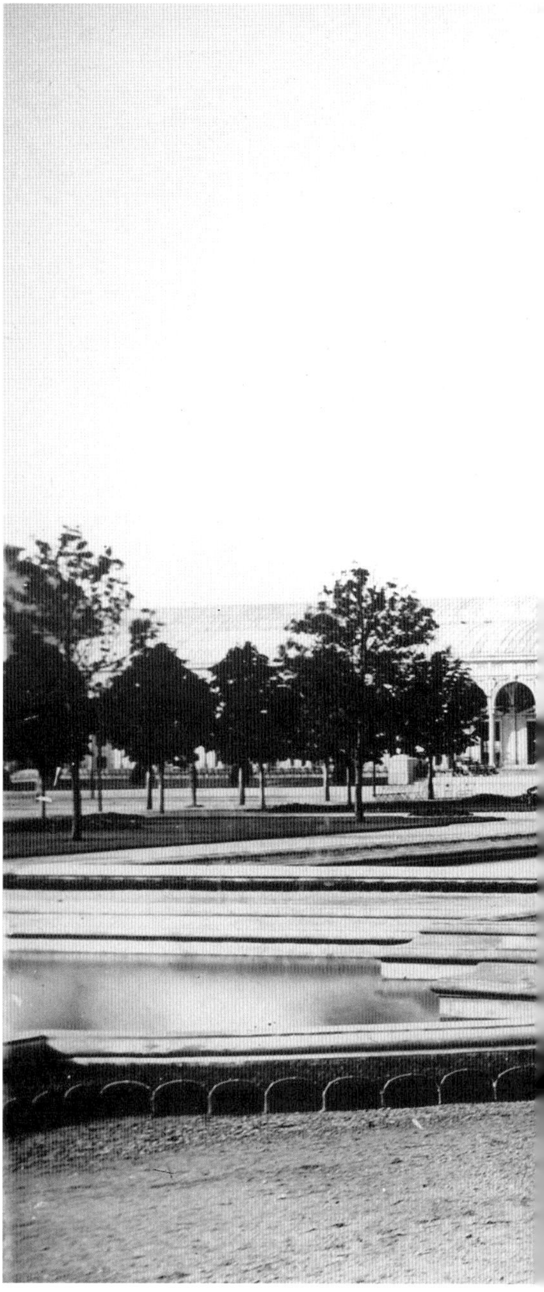

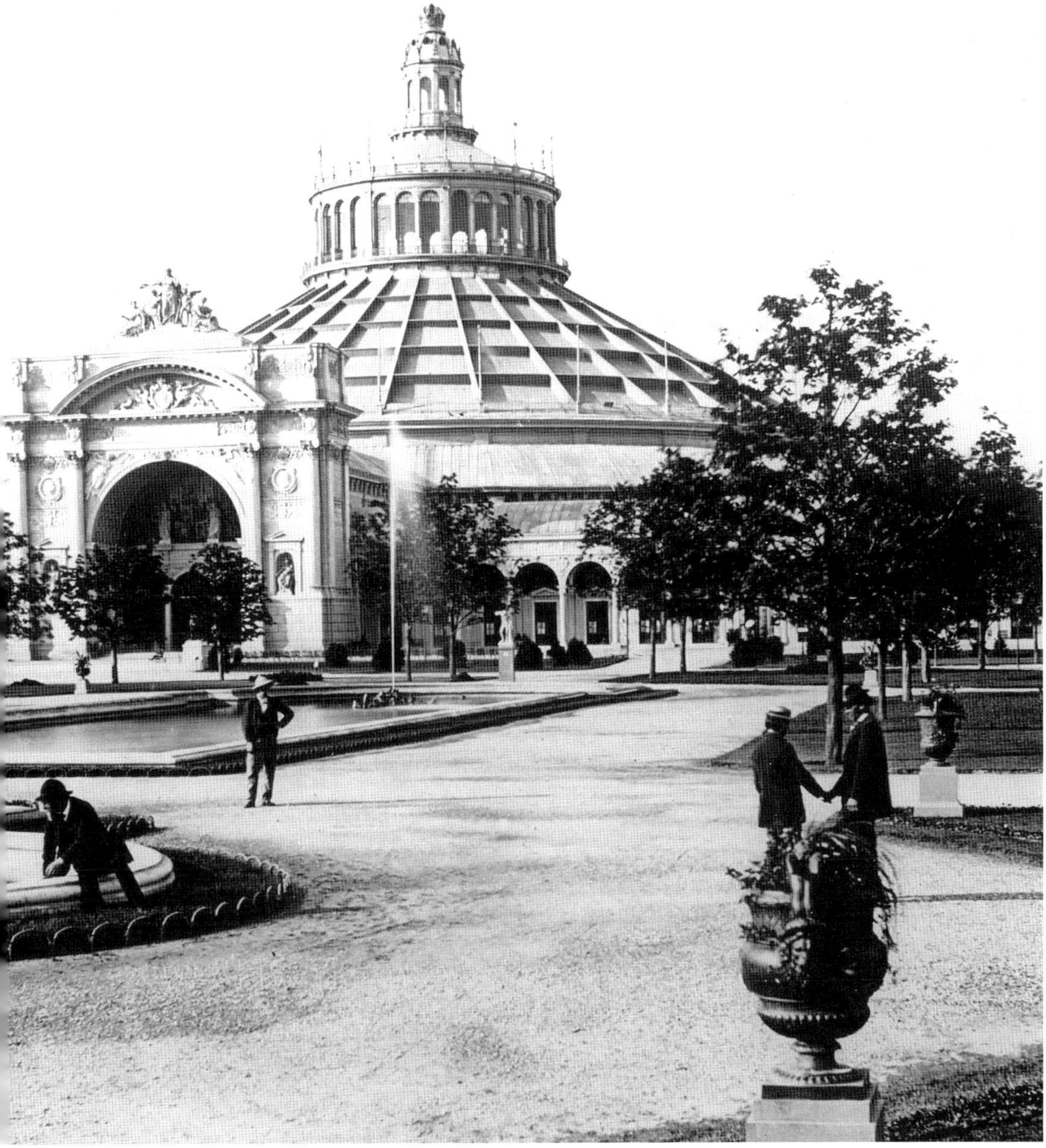

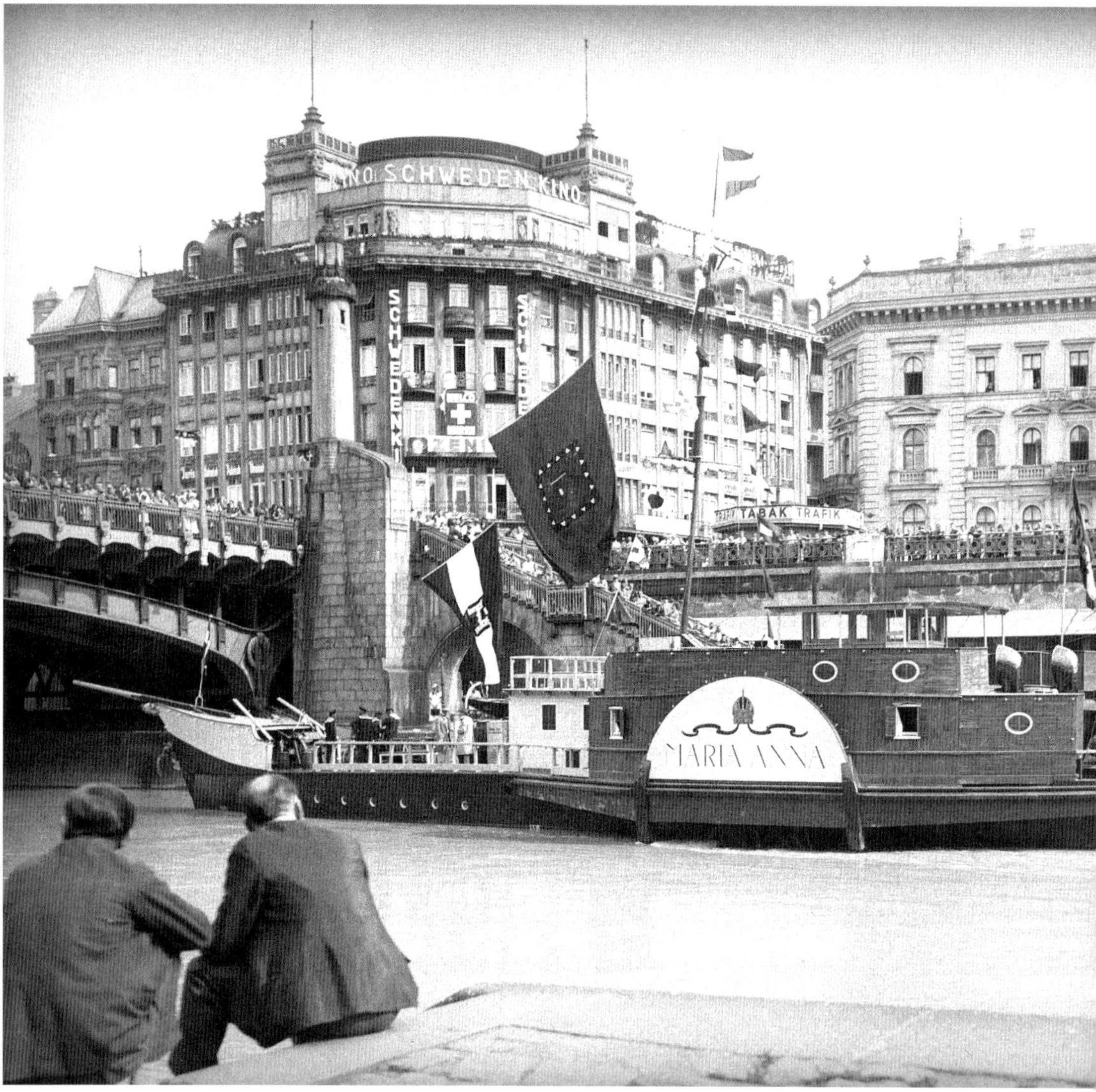


Seite 44

Das „Schweden Kino" über den Donaukanal fotografiert um 1935: Es wurde zu einem der Vorreiter für die wienweite Einführung des Tonfilms. Weitere Berühmtheit erlangte die Vorführstätte im Jahre 1931, als sie als erstes Kino den Film „Im Westen nichts Neues" zeigte. Dies führte zu einem politischen Skandal, begleitet von Demonstrationen, Störaktionen und Tumulten der nationalsozialistischen wie auch der christlichsozialen Partei. Bei der zweiten Aufführung im „Schweden Kino" gab es erneut Tumulte, woraufhin der Innenminister weitere Aufführung verbot.

Rechte Seite

Taborstraße 8: „Ufa Ton Kino", später „Zentralkino" sowie „Tabor Kino", 1944. 1996 wurde dieses als letztes bestehendes Kino der Leopoldstadt geschlossen und an seiner Stelle ein Supermarkt errichtet.

In der Taborstraße 69 befand sich das etwa 500 Personen fassende „Luna Kino", 1958. Am Programm stand der deutsche Heimatfilm „Wenn der weiße Flieder wieder blüht" (1953) mit Willy Fritsch, Magda Schneider und Romy Schneider. Diese Produktion war Romy Schneiders Einstieg ins Filmbusiness.

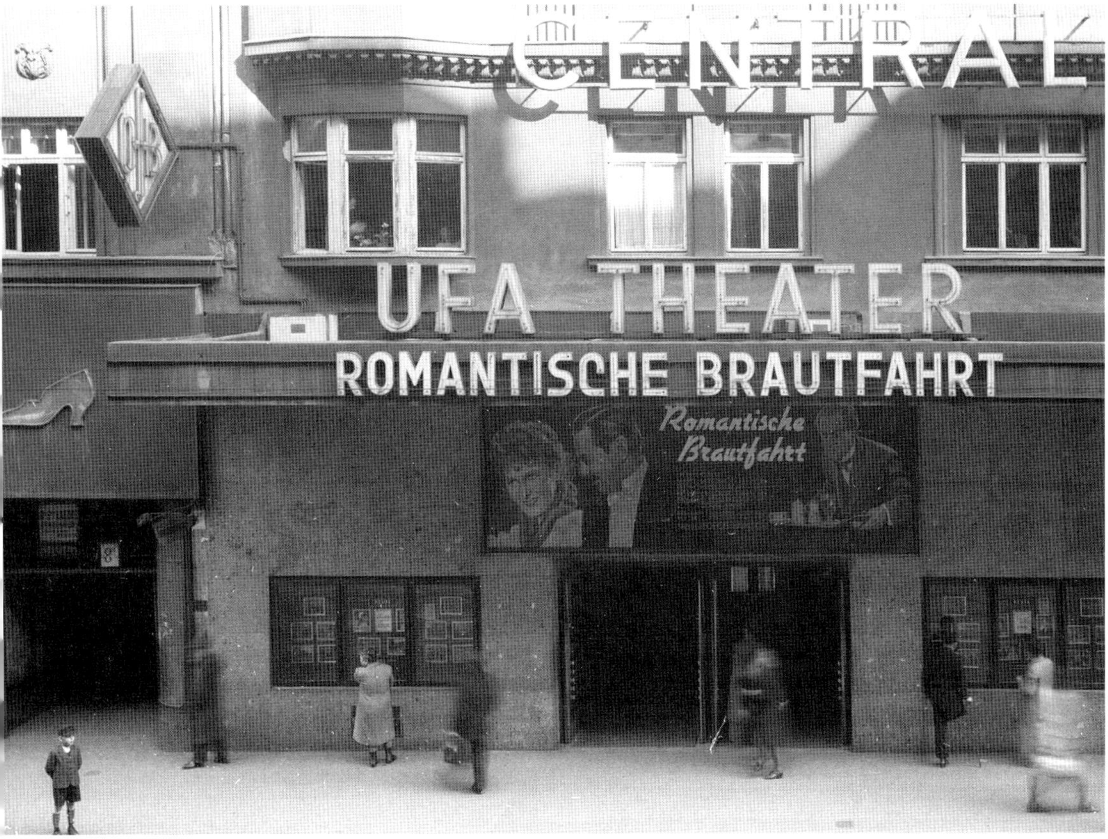
CENTRAL
UFA THEATER
ROMANTISCHE BRAUTFAHRT
Romantische Brautfahrt

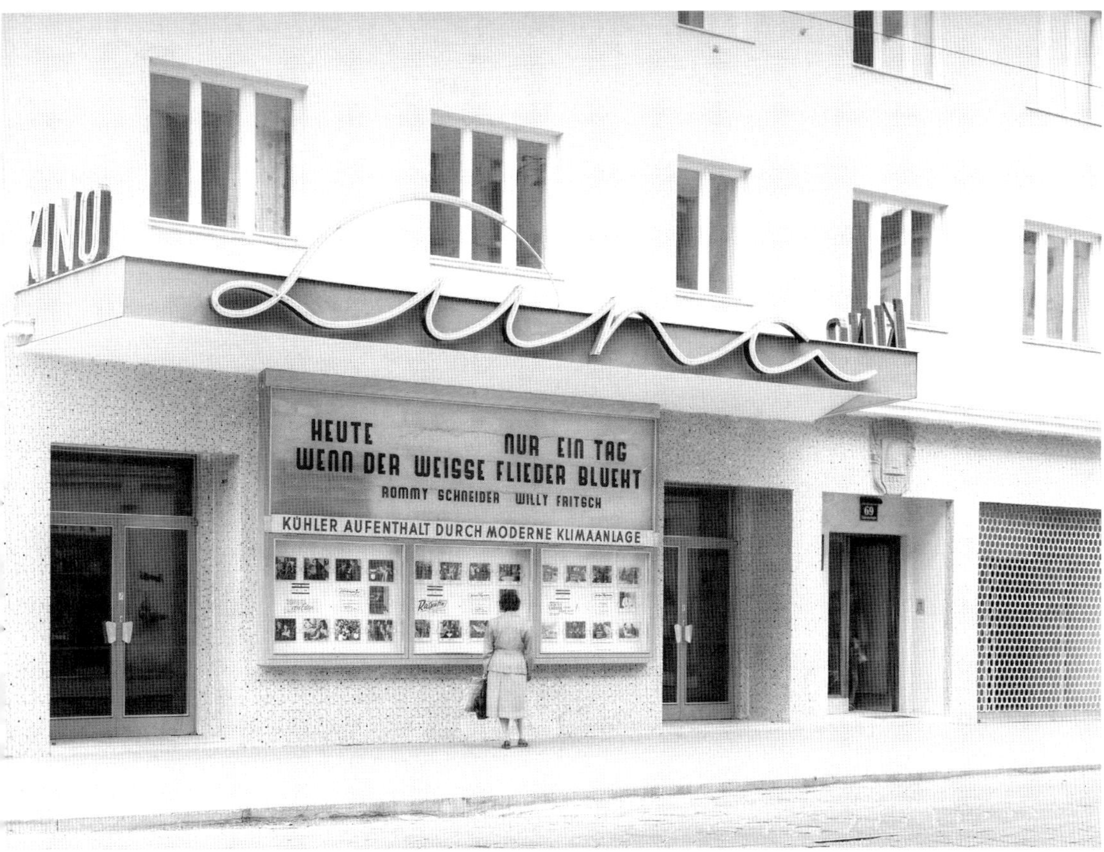
KINO
Luna
HEUTE NUR EIN TAG
WENN DER WEISSE FLIEDER BLUEHT
ROMMY SCHNEIDER WILLY FRITSCH
KÜHLER AUFENTHALT DURCH MODERNE KLIMAANLAGE

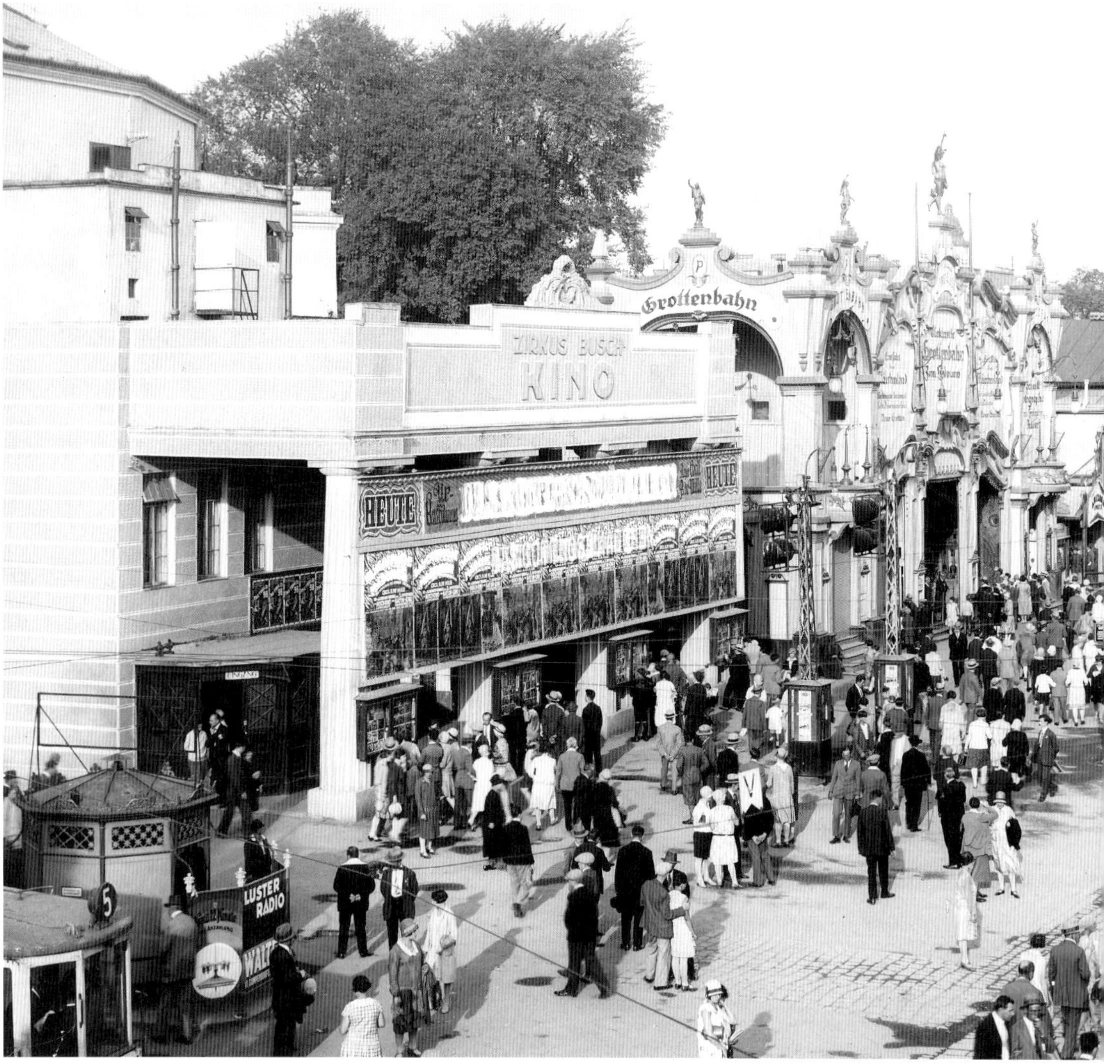


Seite 46

Im Prater: das „Busch-Kino" mit Besuchern, um 1930. Das „Busch-Kino", ein ehemaliger Zirkus, war das größte Kino der Stadt, es konnte zwischen 1700 und 1800 Besuchern fassen und bot darüber hinaus Platz für ein 60-köpfiges Orchester. Die Eröffnung des Kinos, in dem zuvor auch Ringkämpfe und Panoramen gezeigt worden waren, erfolgte am 30. April 1920.

Rechte Seite
Im „Busch-Kino": Szenenbild aus „Mirakel" von Karl Vollmöller, Aufnahme D'Ora-Benda, 1927. Zwei Jahre später, 1929, wurde auch im „Busch-Kino" der Tonfilm eingeführt und das bis dahin die Stummfilme begleitende Orchester wurde abgelöst.

Das „Kino Tegetthoff", gegründet von Max Schaaf, einem Wanderunternehmer, der ab 1904 auch Kinematografenprogramme in sein Repertoire aufnahm. Um 1900 hieß es noch „Max Schaafs Kinematograph", später wurde es in „Kino Bieler" umbenannt und schlussendlich unter dem Namen „Kino Tegetthoff " bekannt. Hier in einer Frontalansicht, 1939.

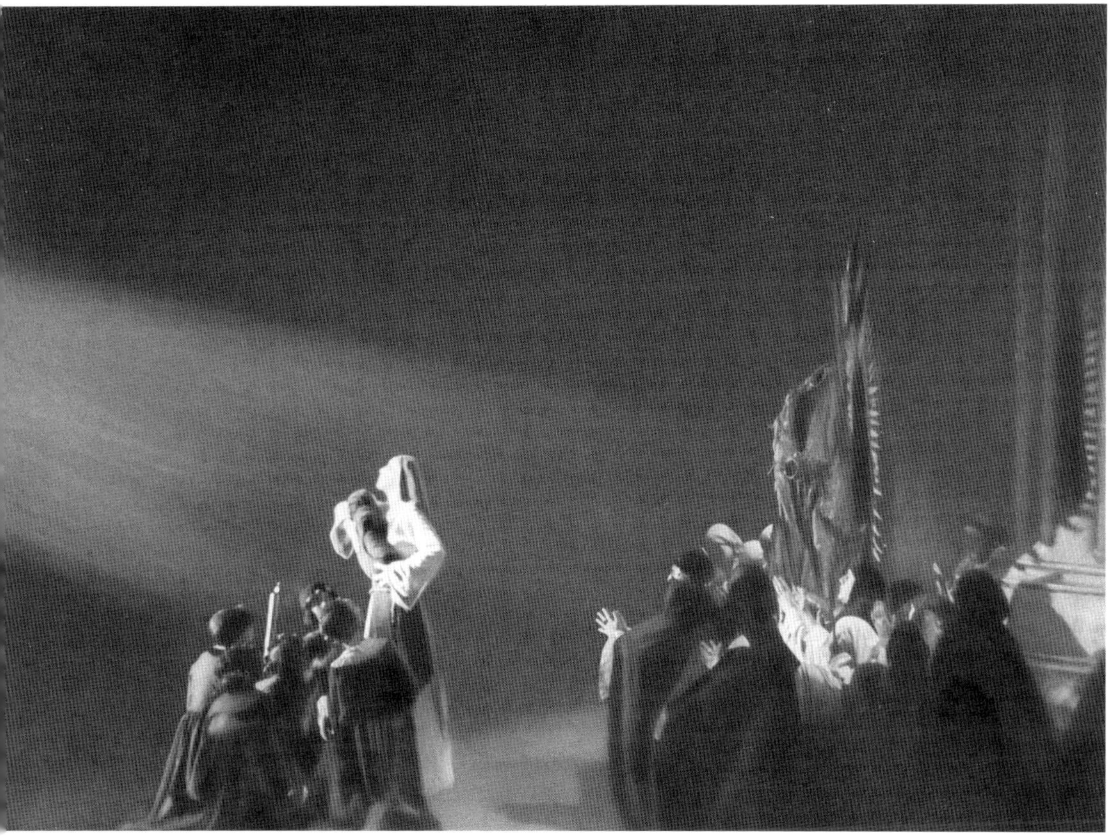

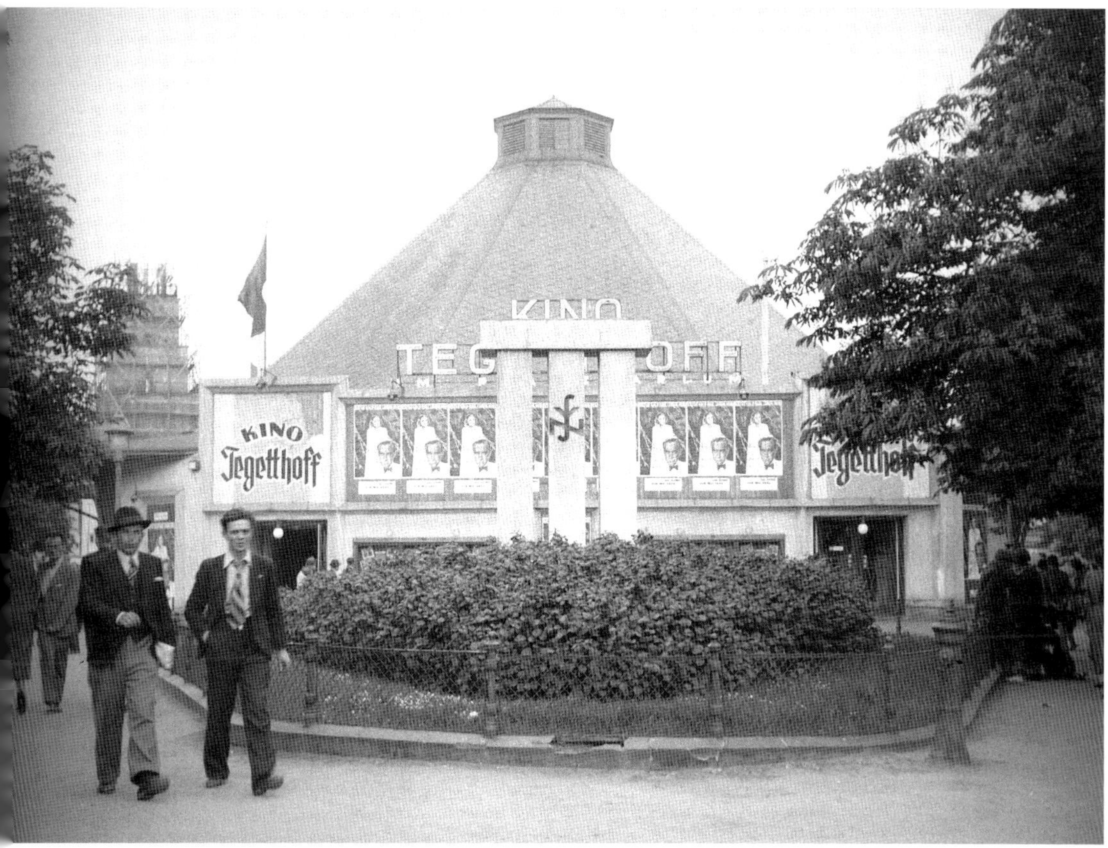
KINO
KINO
Tegetthoff
Tegetthoff

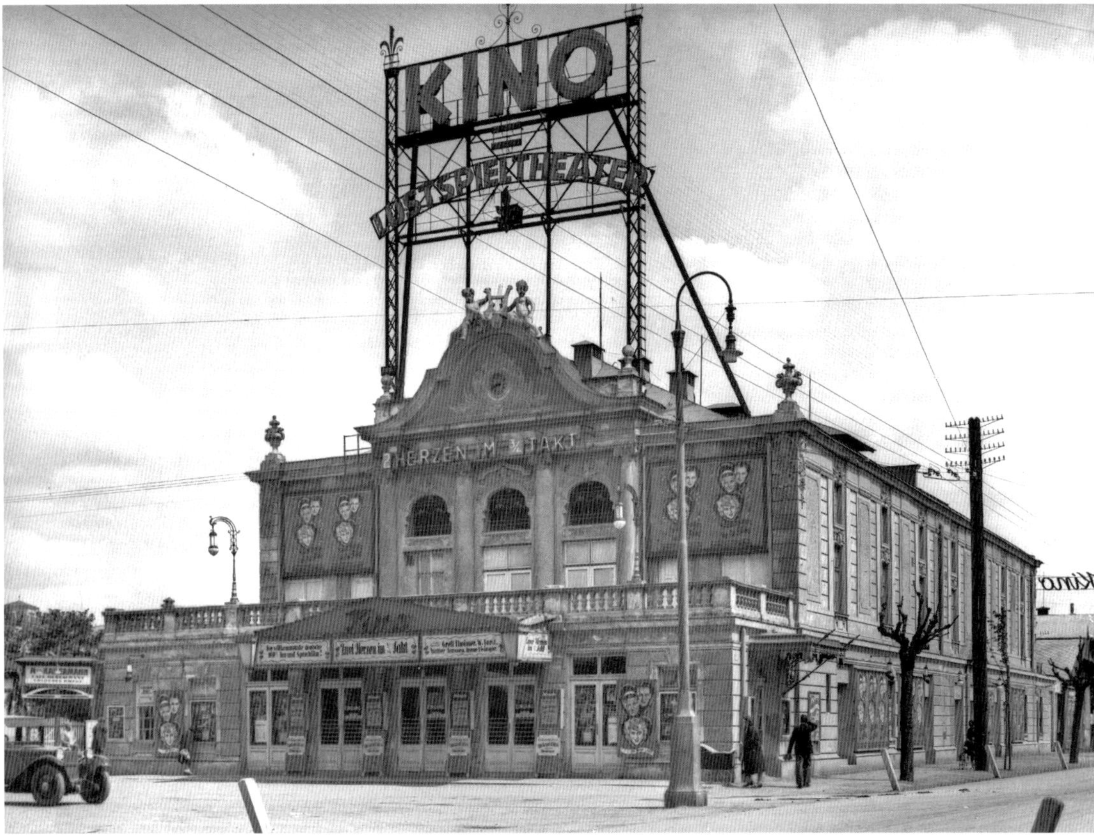
KINO
LUSTSPIELTHEATER
HERZEN IM ¾ TAKT

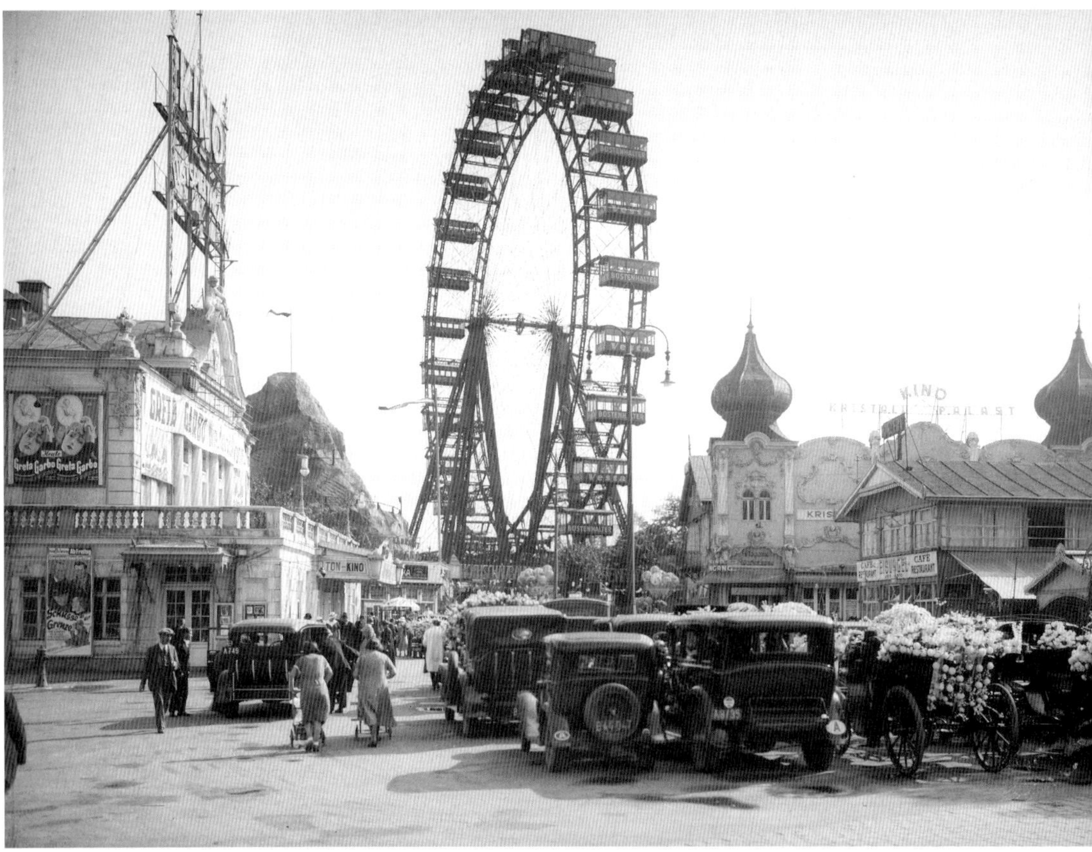
Greta Garbo Greta Garbo
TON-KINO
KINO
CAFE
RESTAURANT

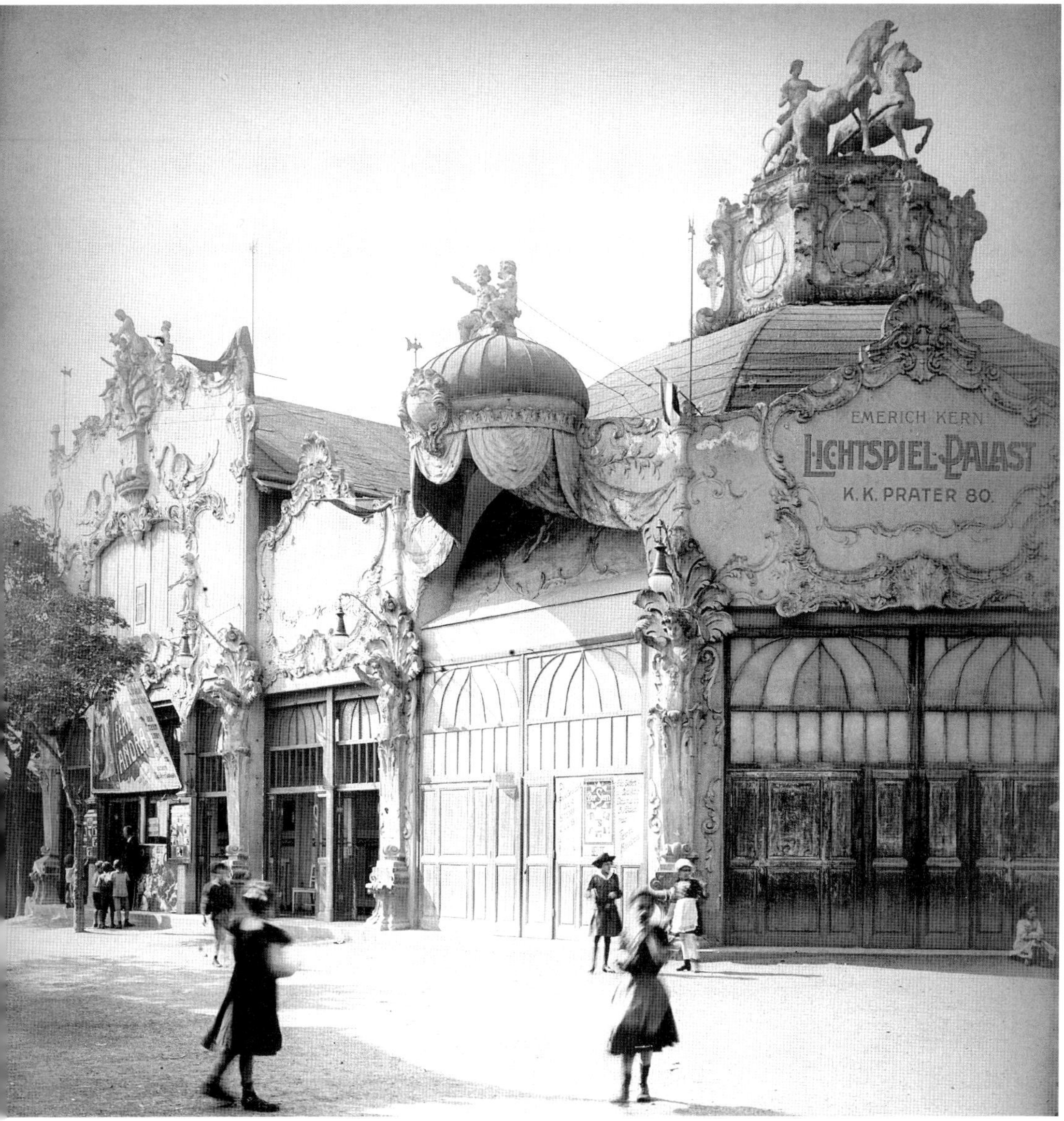


Seite 49

Im Volksprater: Das „Lustspieltheater" in einer imposanten Außenansicht mit Plakat und Lichtreklame für den eben laufenden Film „Zwei Herzen im Dreivierteltakt". Dieses Kino überstand als einziges den Krieg, brannte jedoch 1981 ab und wurde nicht wieder aufgebaut.

Das Riesenrad, damals noch mit der kompletten Gondelbesetzung, zwischen dem „Lustspieltheater" und dem „Kristall-Palast Kino", im Vordergrund geschmückte Fiaker, 1934. Während der Firmungstage im Mai fanden von früh bis spät Jugendvorstellungen statt.

Rechte Seite

Der ehemalige „Lichtspielpalast" wurde im Jahre 1914 zum „Kino Kern". Es war einst Anlaufstelle für Westernfilmfreunde. Der Besitzer Emerich Kern gab ab 1904 Filmvorführungen. Der Erfolg war groß, sodass es 1914 nur noch als Kino erweitert – von 40 auf 457 Sitzplätze – genutzt wurde.

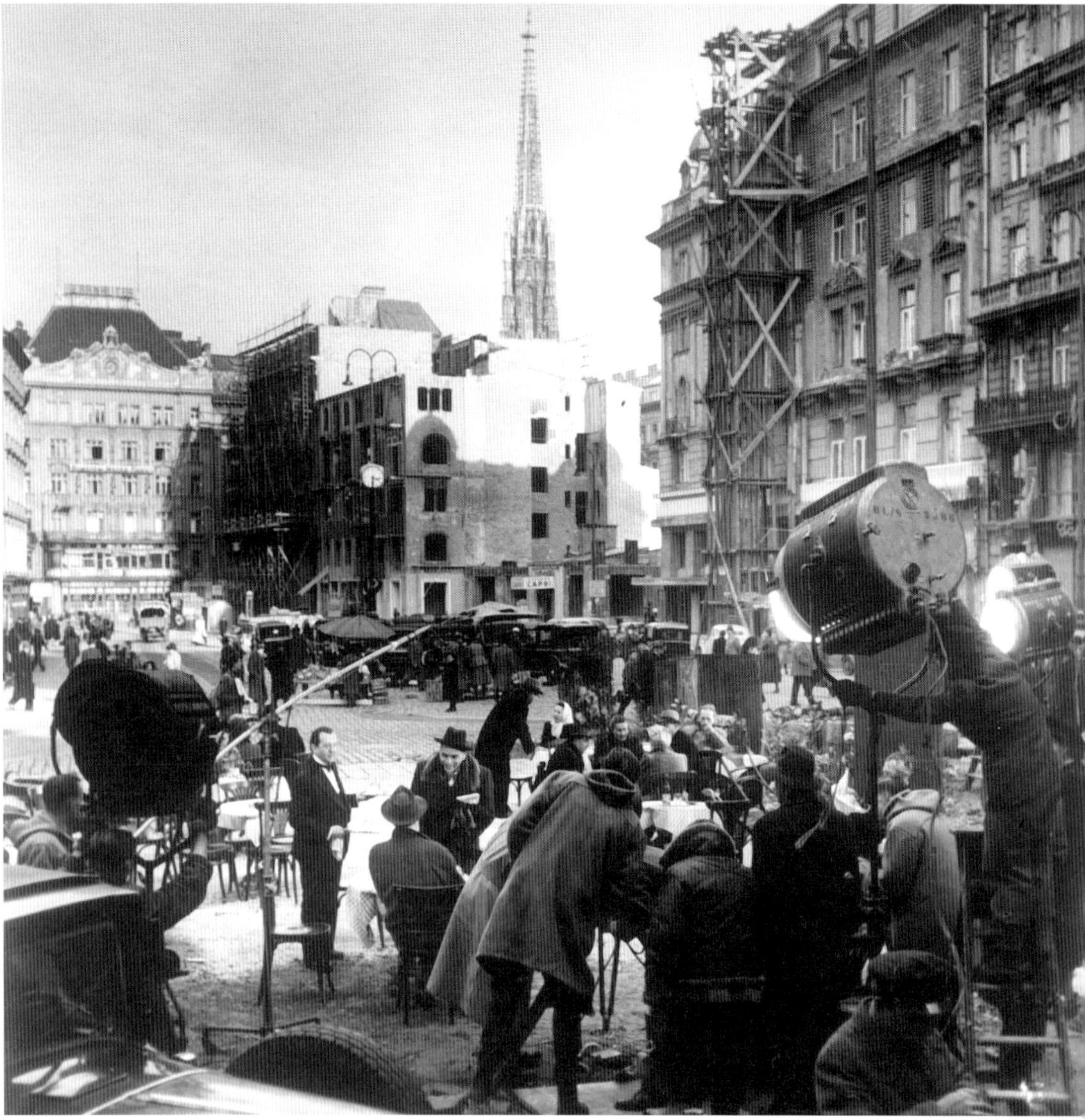

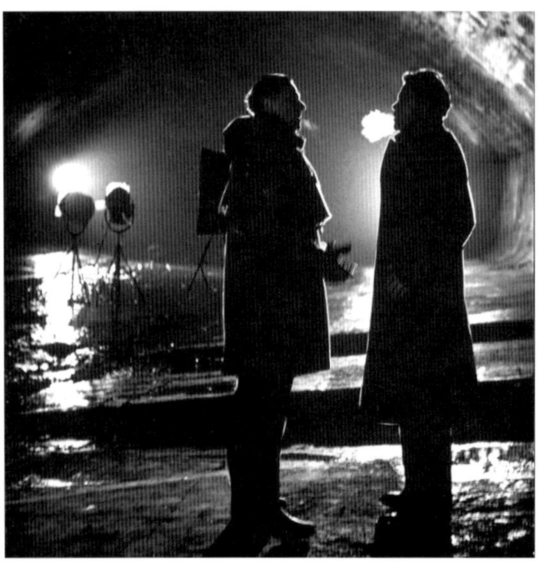

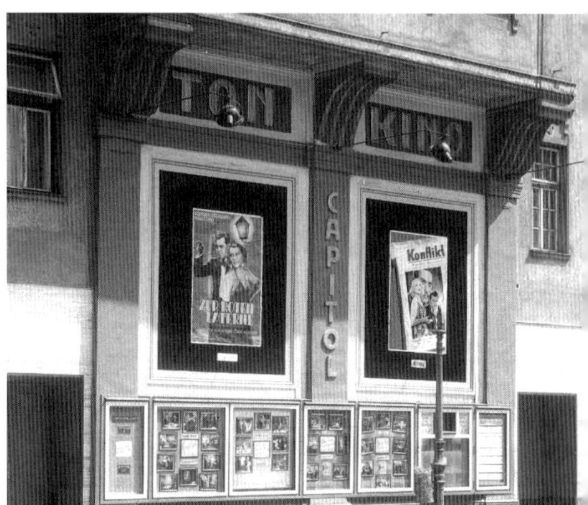
TON
KINO
CAPITOL
ZUR ROTEN LATERNE
Konflikt

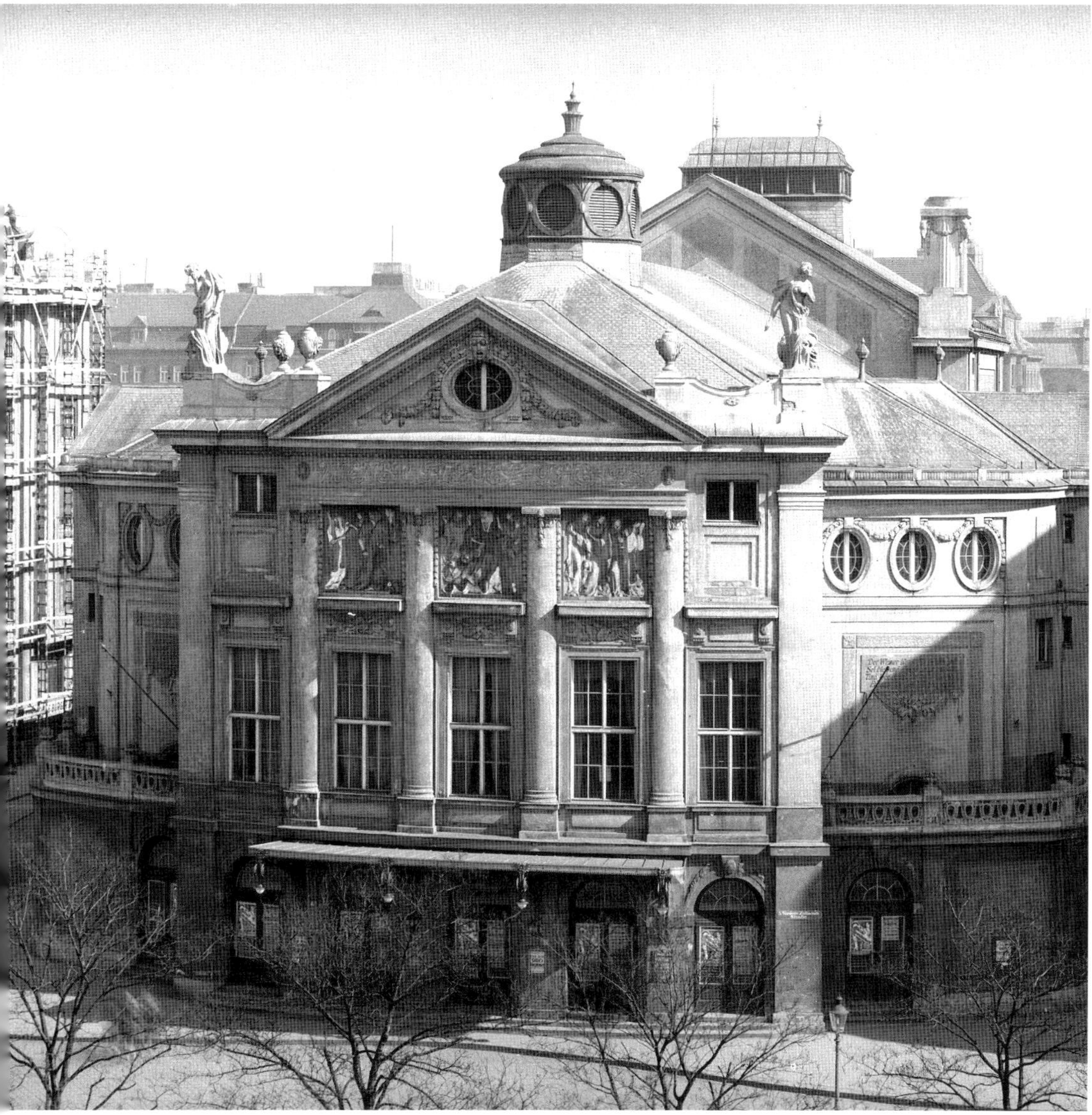

Seite 51

Die Dreharbeiten zum Film „Der dritte Mann“ am Neuen Markt.

„Der dritte Mann“: Carol Reed und Orson Welles während der Aufnahmen im Wiener Kanalnetz, 1947. Der Film war eine Zusammenarbeit Reeds mit dem Schriftsteller Graham Greene, der dafür eine Erzählung schrieb, nach der danach von Reed und Graham ein Drehbuch entwickelt wurde. Das in aller Welt bekannte Harry-Lime-Thema, das der Wiener Zitherspieler Anton Karas komponiert und gespielt hat, trug wesentlich zum Erflog des Filmes bei.

Das „Capitol Kino“ in der Erdbergstraße 86, 1937, war eines von vielen Kino im 3. Bezirk. 1934 eröffnete im ehemaligen Reitschulgebäude in der Ungargasse der „Sascha-Filmpalast“, der bis etwa 1945 bestand.

Rechte Seite
Vordere Zollamtsstraße 13, 1030, um 1925: das Erste Wiener Bürgertheater, 1960 abgerissen.

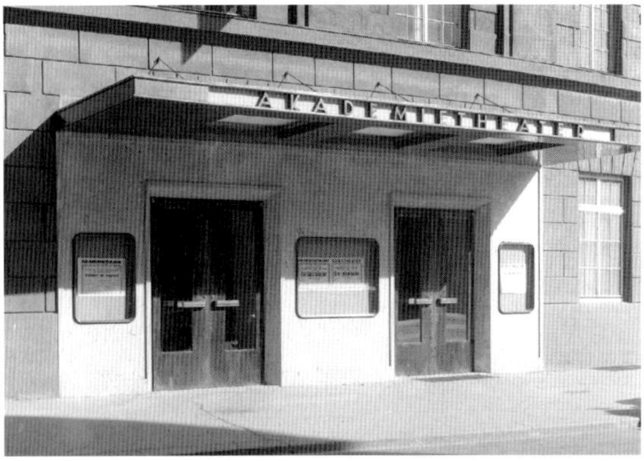

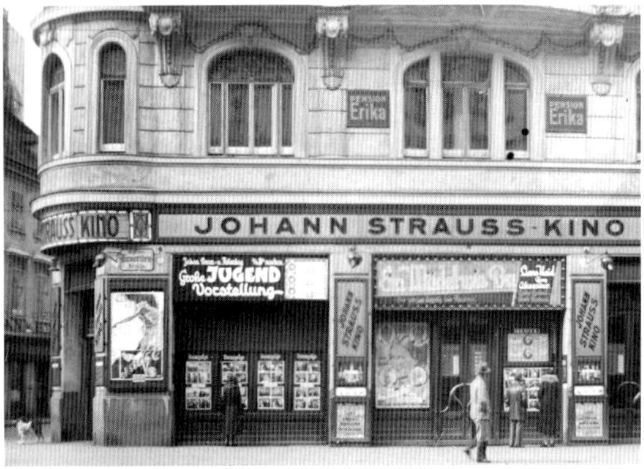


Seite 52

Das Tor des „Akademietheaters" im 3. Bezirk.

Das „Johann Strauß Kino" in der Favoritenstraße 12: Frontalansicht, 1930er-Jahre. Das vormalige „Maxim Bio"-Kino wurde 1912 gegründet.

Rechte Seite

Das „Johann-Strauß-Theater" in der Favoritenstraße 8 wurde 1908 erbaut, Aufnahme um 1910. Es traten berühmte Künstler auf, u. a. konnte man hier Josephine Baker tanzen sehen. 1925 erlebte das Theater die Uraufführung von Franz Lehárs „Paganini". Durch den Tonfilm geriet das Theater in finanzielle Schwierigkeiten und wurde 1931 durch den Architekten Carl Witzmann in ein Kino mit dem Namen „Scala" umgewandelt, das auch für Varieté-Vorführungen genutzt wurde. Heute steht an jener Stelle der August-Bergmann-Hof.

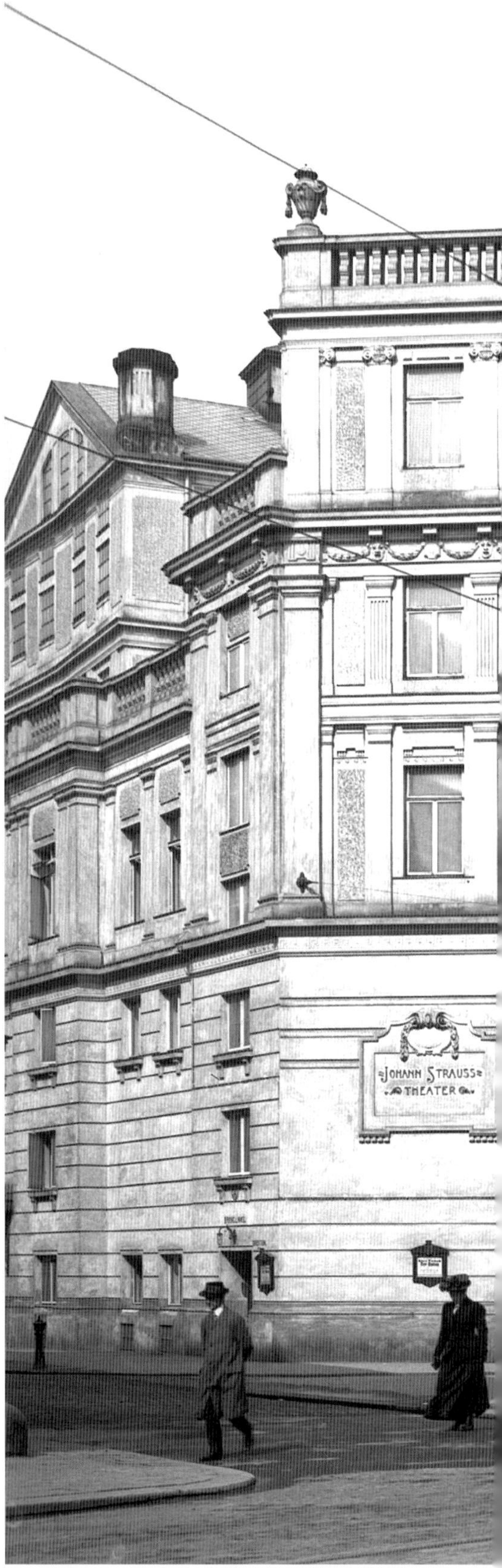

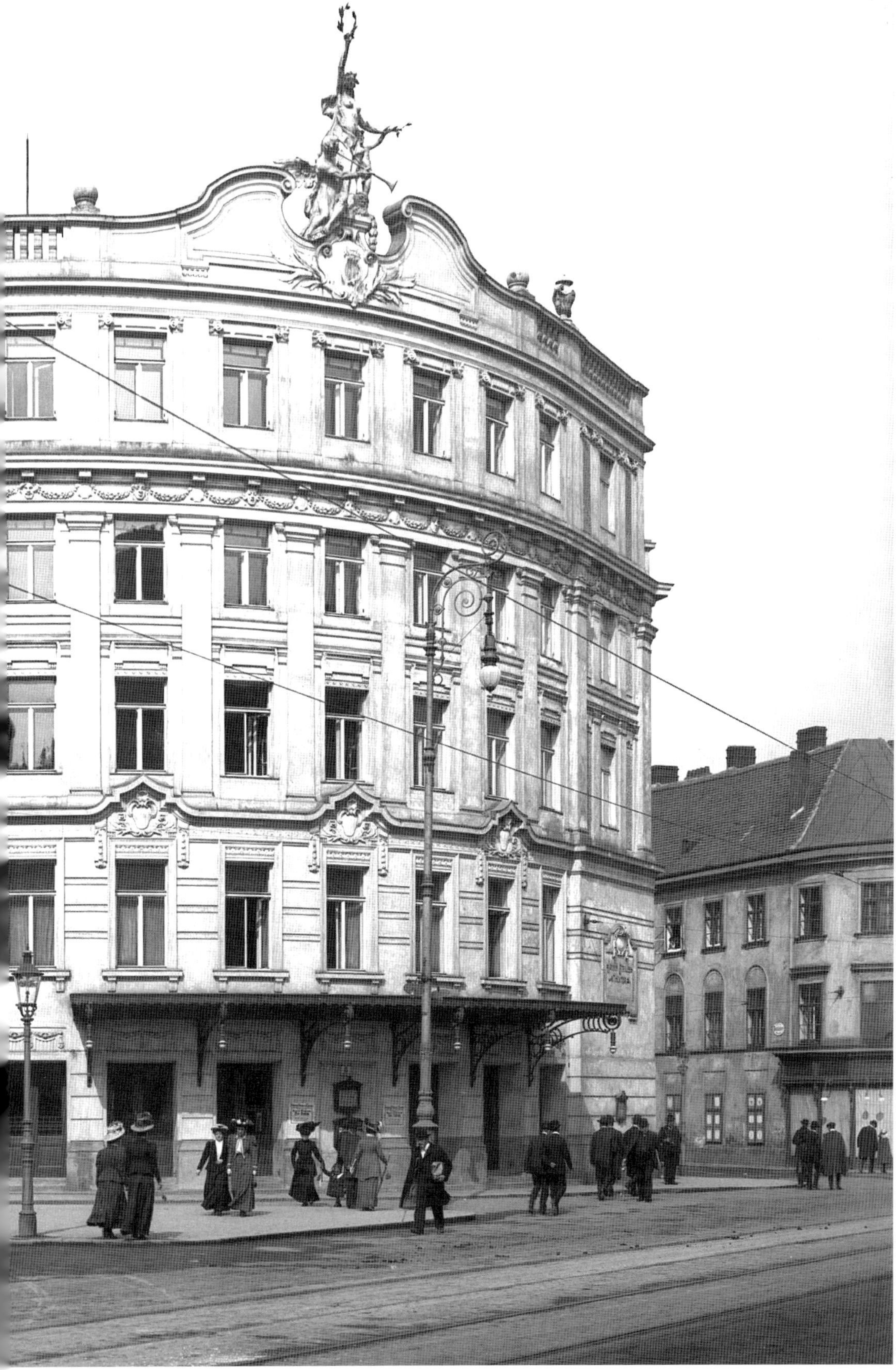

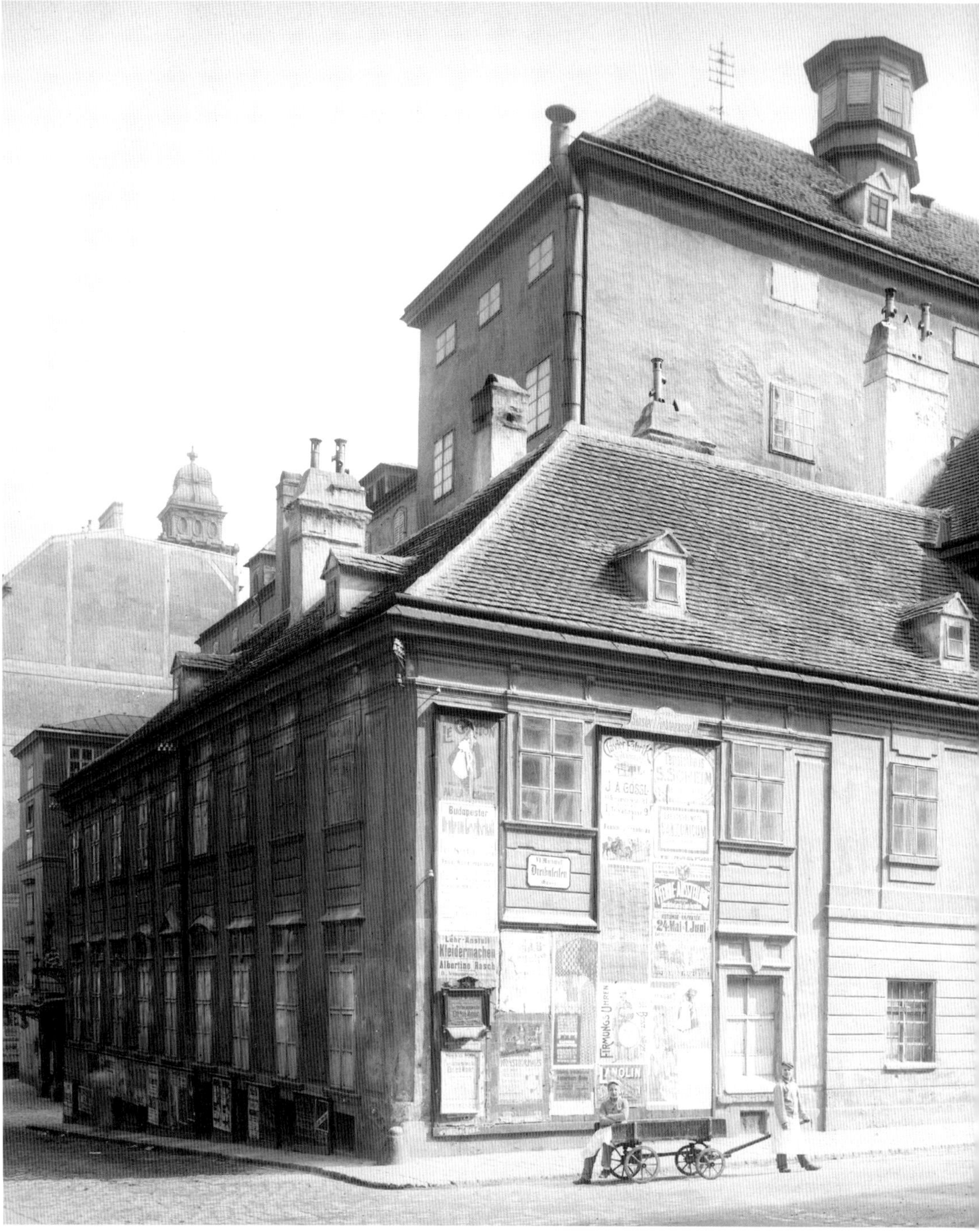


Seite 54

Das „Theater an der Wien“: hier die Rückfront Dreihufeisengasse 5 schräg von links mit Einblick auf die Längsfront der Millöckergasse, 1902.

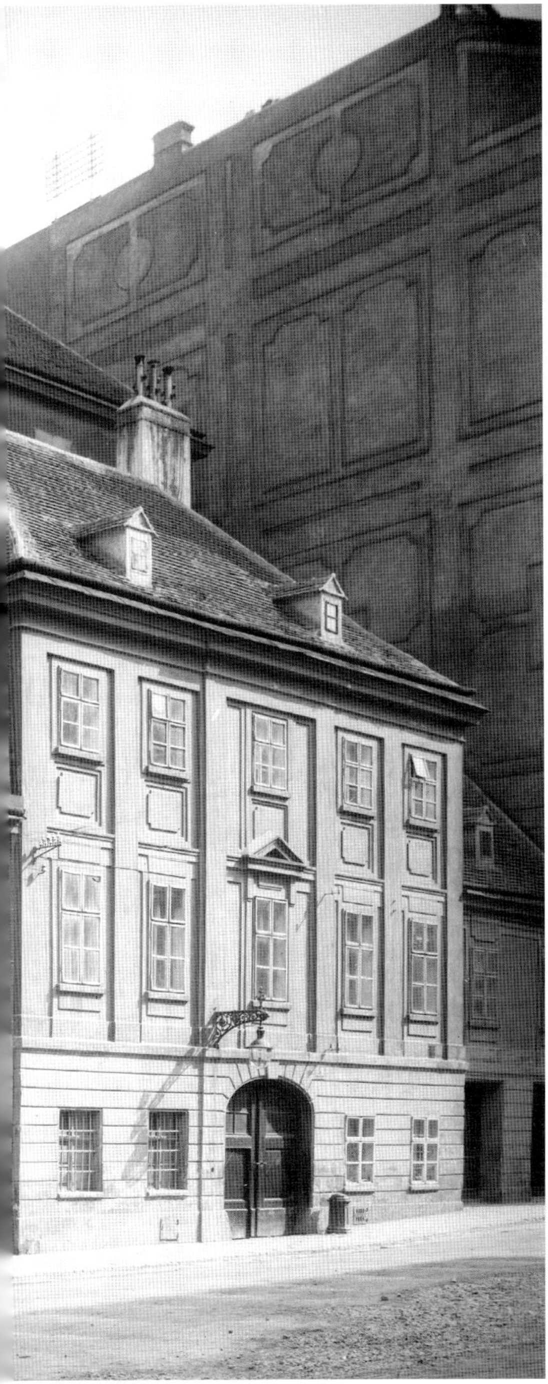

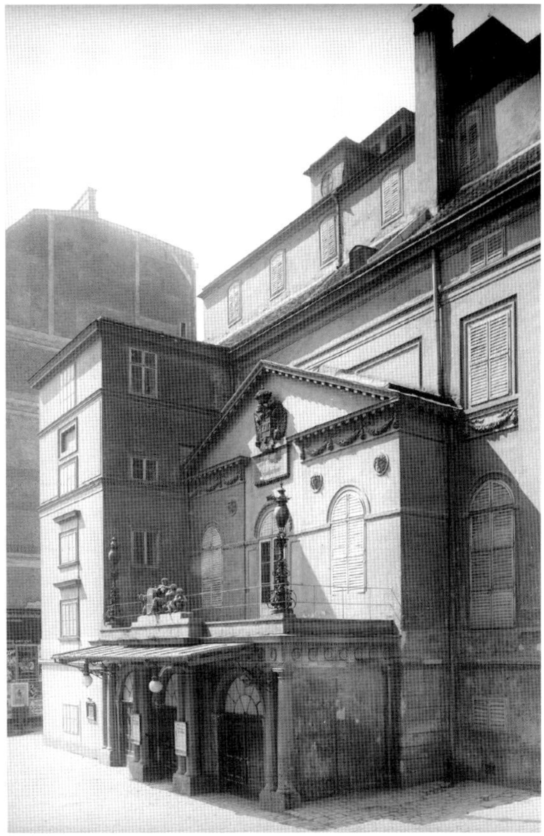

Seite 55

Der 1801 im Empirestil vollendete Bau des Theaters ist außen heute nur noch an der Millöckergasse erhalten. Hier die Front Millöckergasse 1, Partie um das Papagenotor, 1902, welches den Erbauer als Papageno mit seinen drei Knaben in der „Zauberflöte“ zeigt.

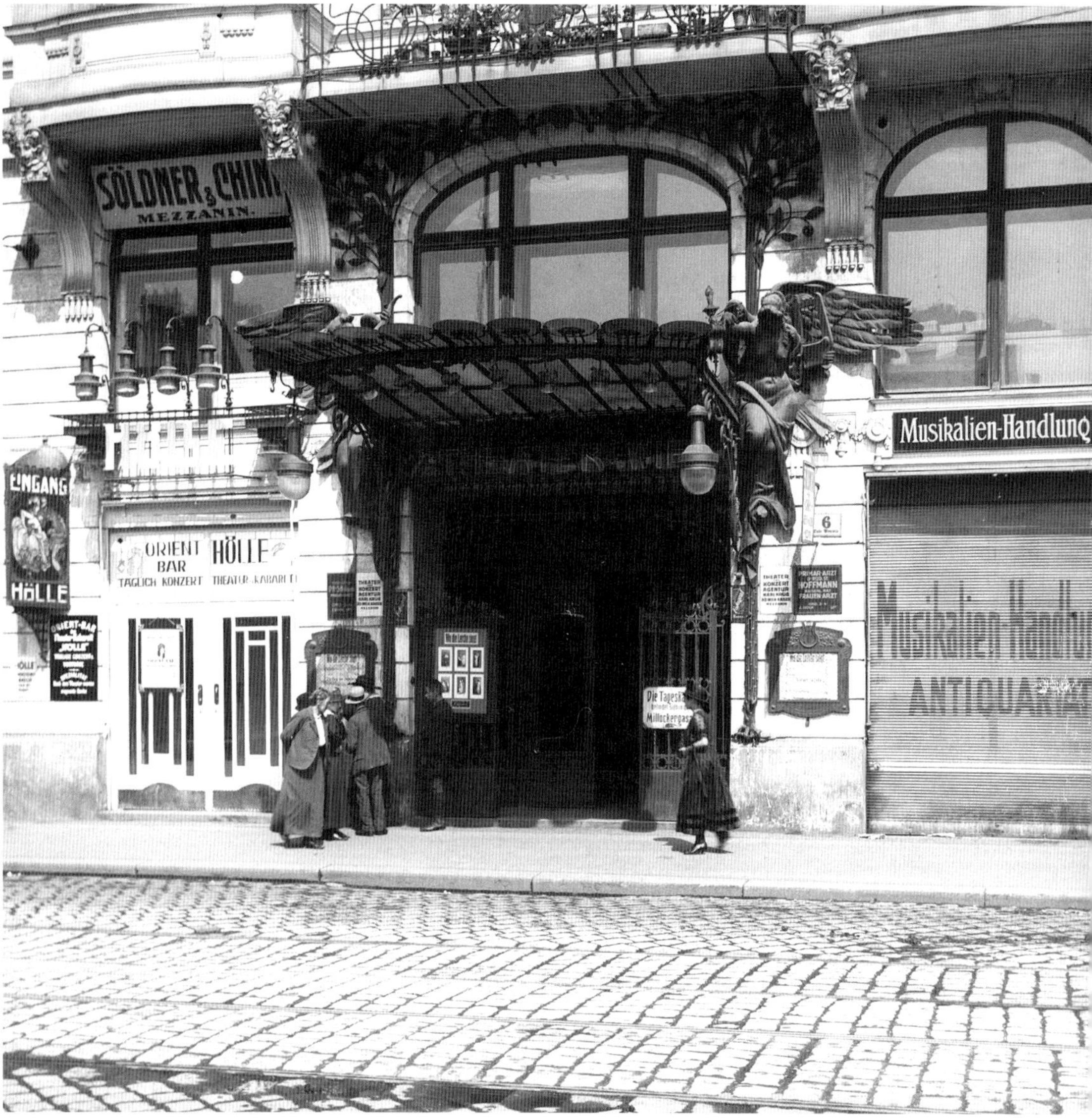


Seite 56

Das „Theater an der Wien“ an der Linken Wienzeile und links im Bild der Eingang zum „Kabarett Hölle“, 1918. Emanuel Schikaneder, der Textdichter der „Zauberflöte“, konnte aufgrund des ungeheuren Erfolges von Wolfgang Amadeus Mozarts Oper um 1798 diesen neuen, großen Theaterbau nach Plänen von Franz Jäger beginnen.

Rechte Seite

Ansicht des Zuschauerraums von der Bühne aus vor dem Umbau, 1901.

Das „Theater an der Wien“ wurde als Ersatzspielort für die bombengeschädigte Staatsoper genutzt, die Aufnahme stammt aus dem Jahre 1945.

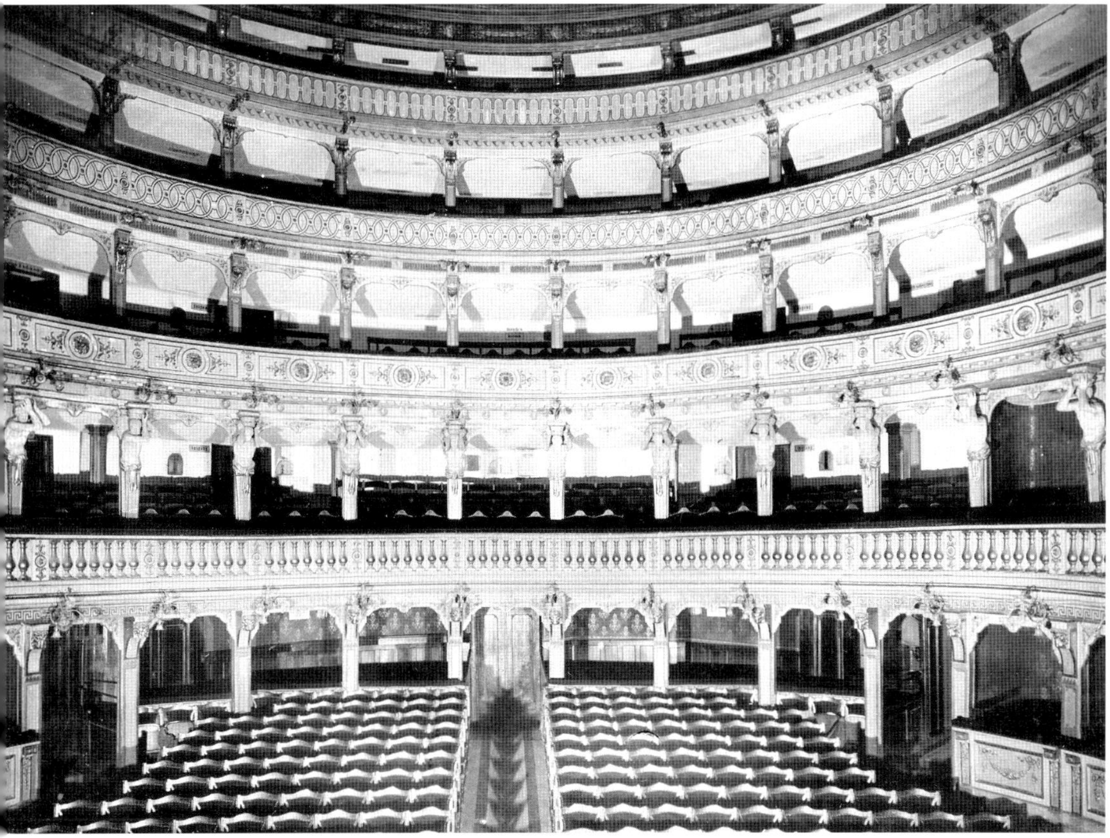

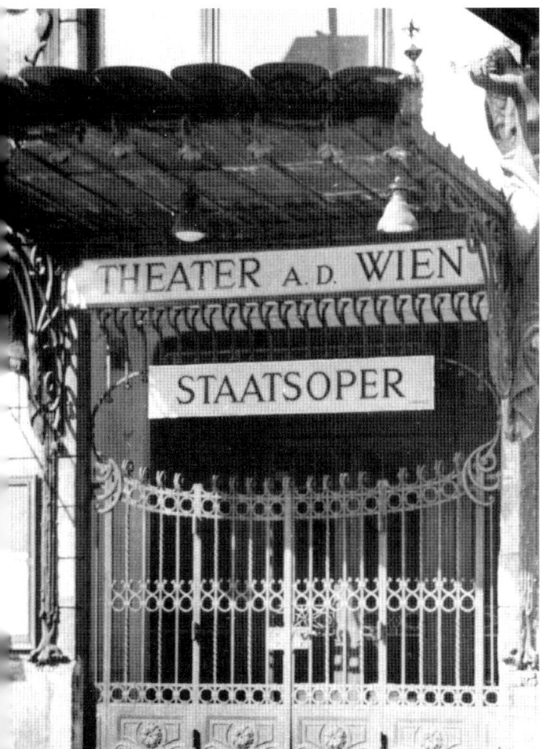
THEATER A.D. WIEN
STAATSOPER

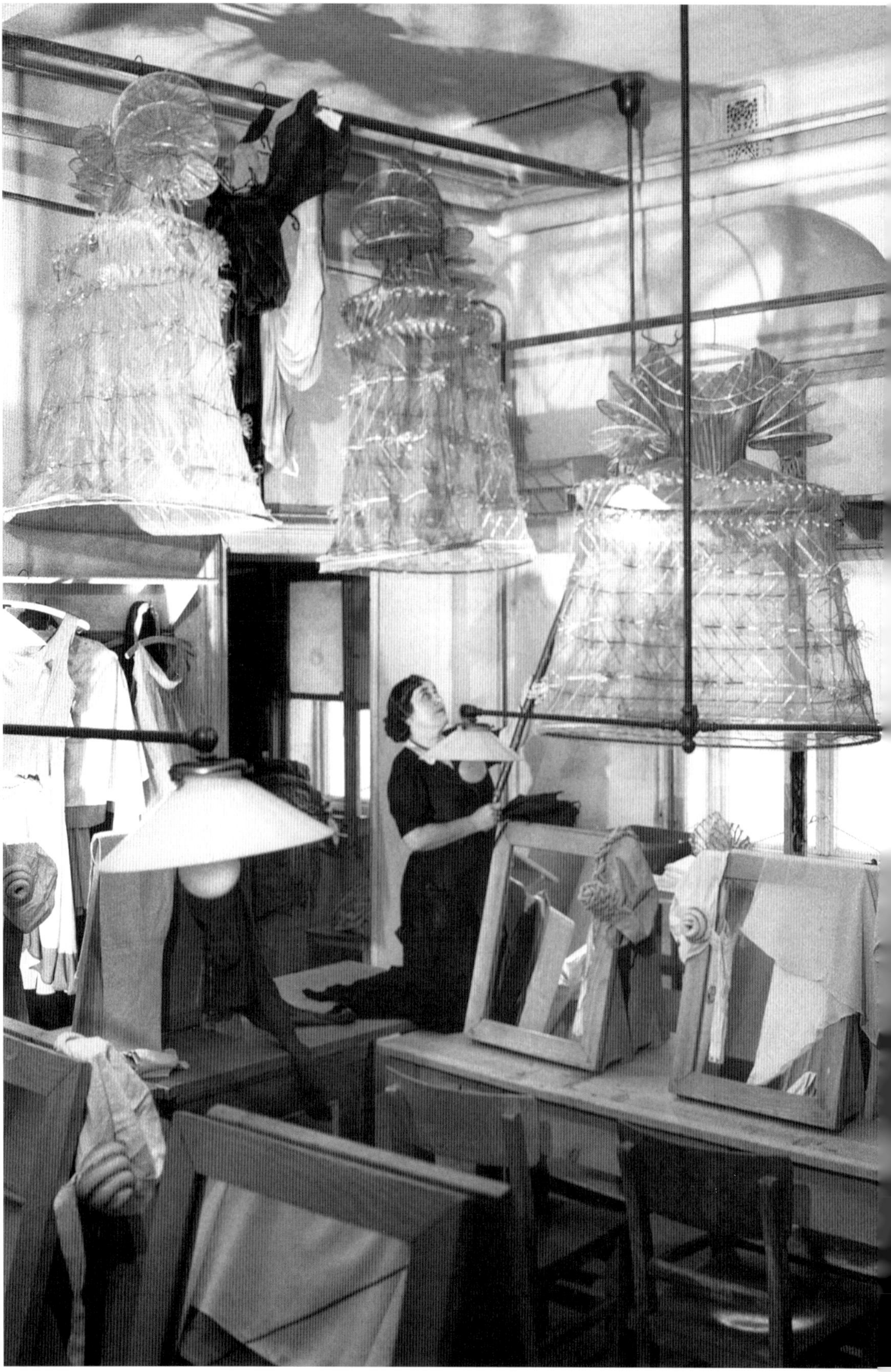

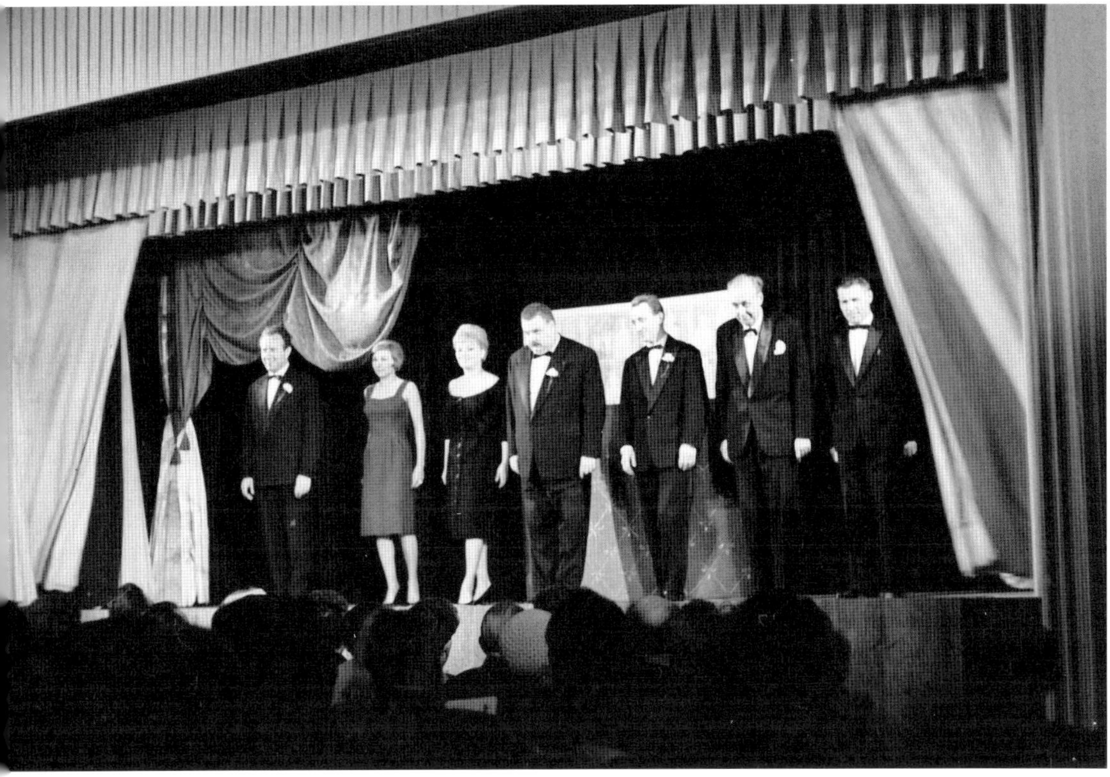

Seite 59

Ein Blick in die Ballettgarderobe im „Theater an der Wien“, um 1953.

Rechte Seite

Das Kabarett „Hackl vorm Kreuz“ mit Gerhard Bronner, Louise Martini, Helmut Qualtinger, Kurt Sobotka und anderen. Das Ensemble verbeugt sich.

Nächste Doppelseite

Das „Raimund Theater“ in der Wallgasse 18–20 im 6. Bezirk: Es wurde 1893 von einem Verein von Wiener Bürgern gegründet und nach einer nur zehn Monate dauernden Bauzeit am 28.11.1893 mit Ferdinand Raimunds Zauberspiel „Die gefesselte Phantasie“ eröffnet. Die Aufnahme des nach dem bekannten österreichischen Dramatiker Raimund benannten Theaters wurde um etwa 1900 gemacht. Das „Raimund Theater“ hat heute hauptsächlich Operetten und Musicals auf dem Spielplan.

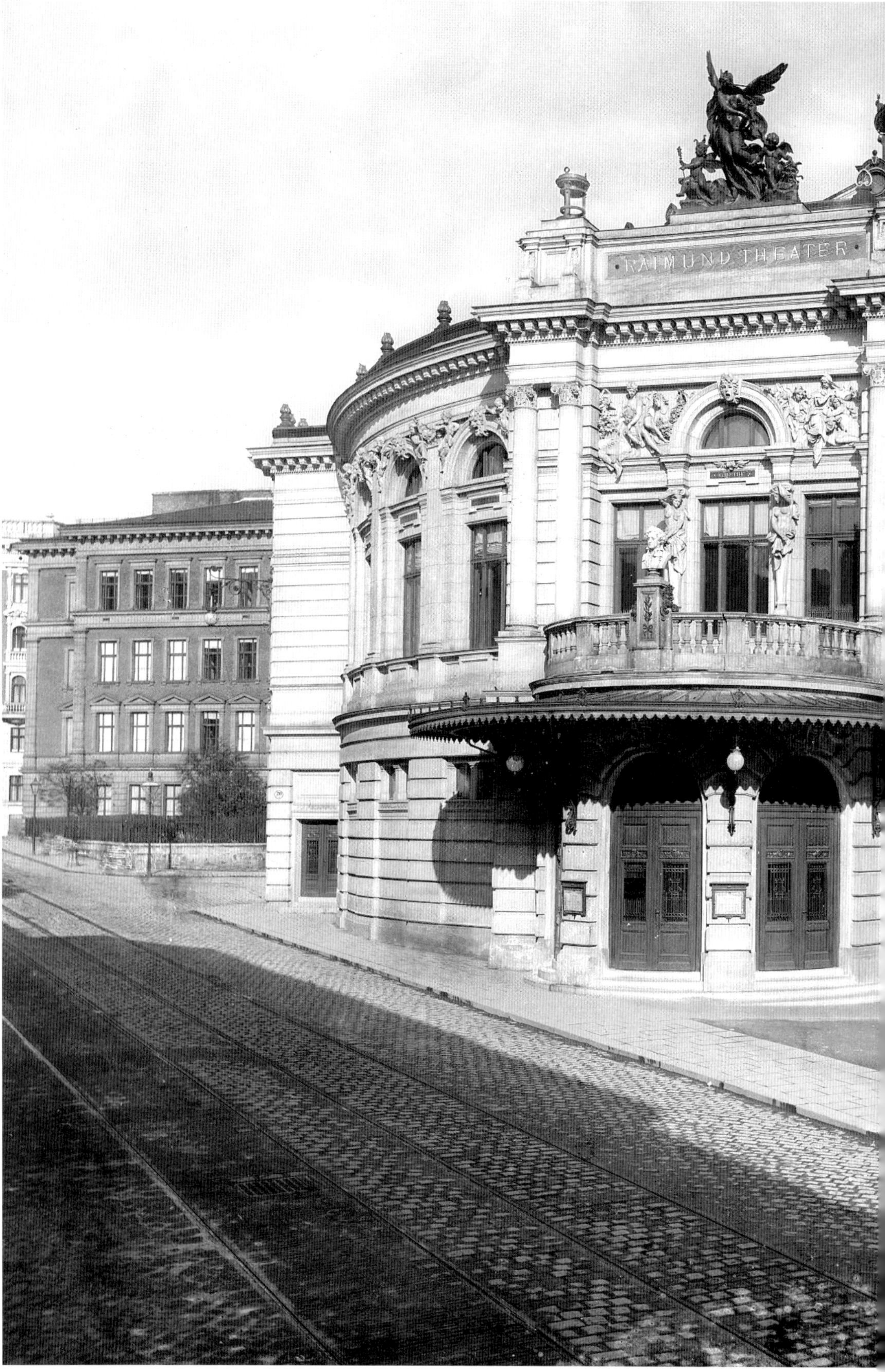
RAIMUND THEATER

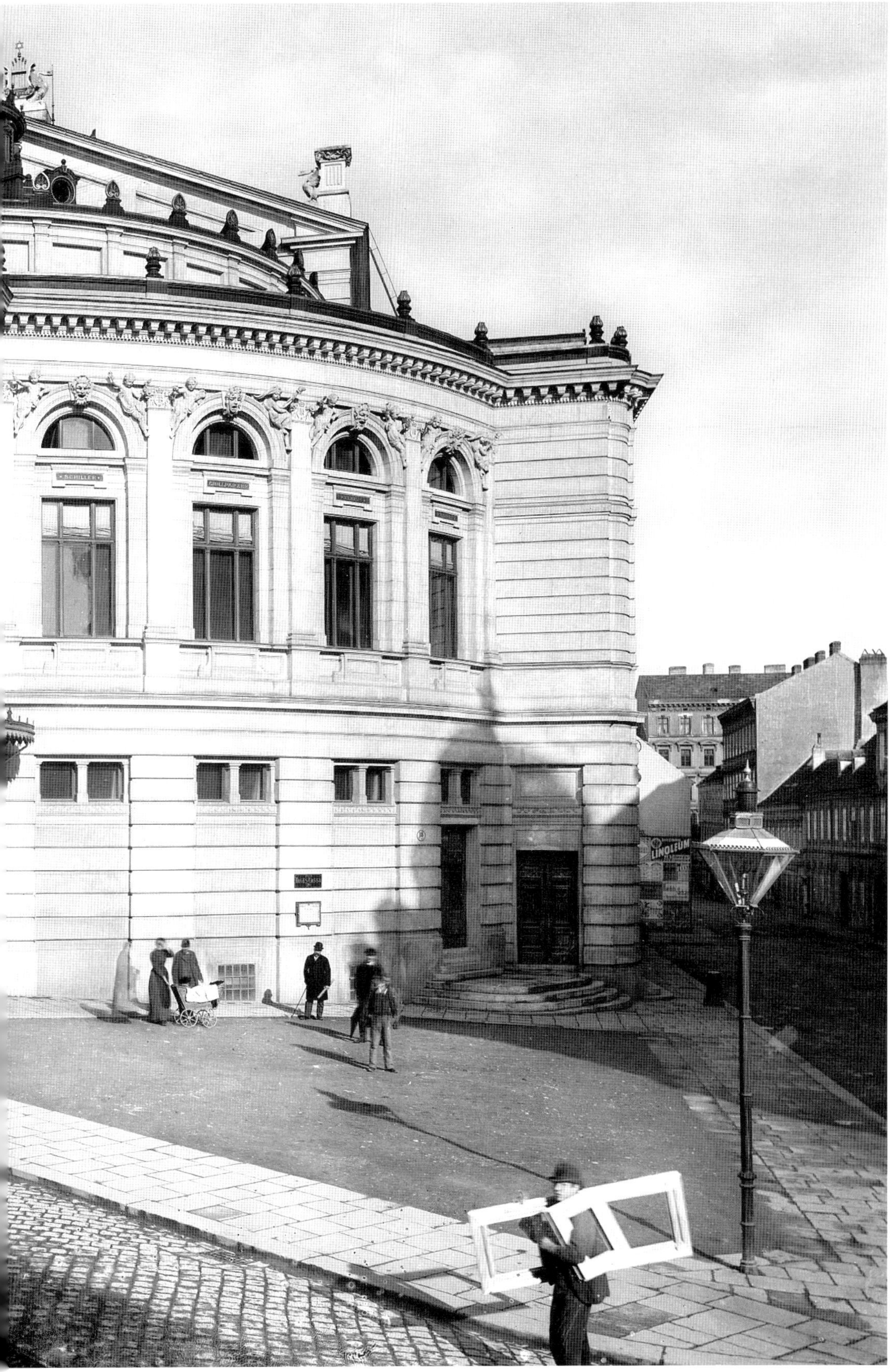
SCHILLER
LINOLEUM

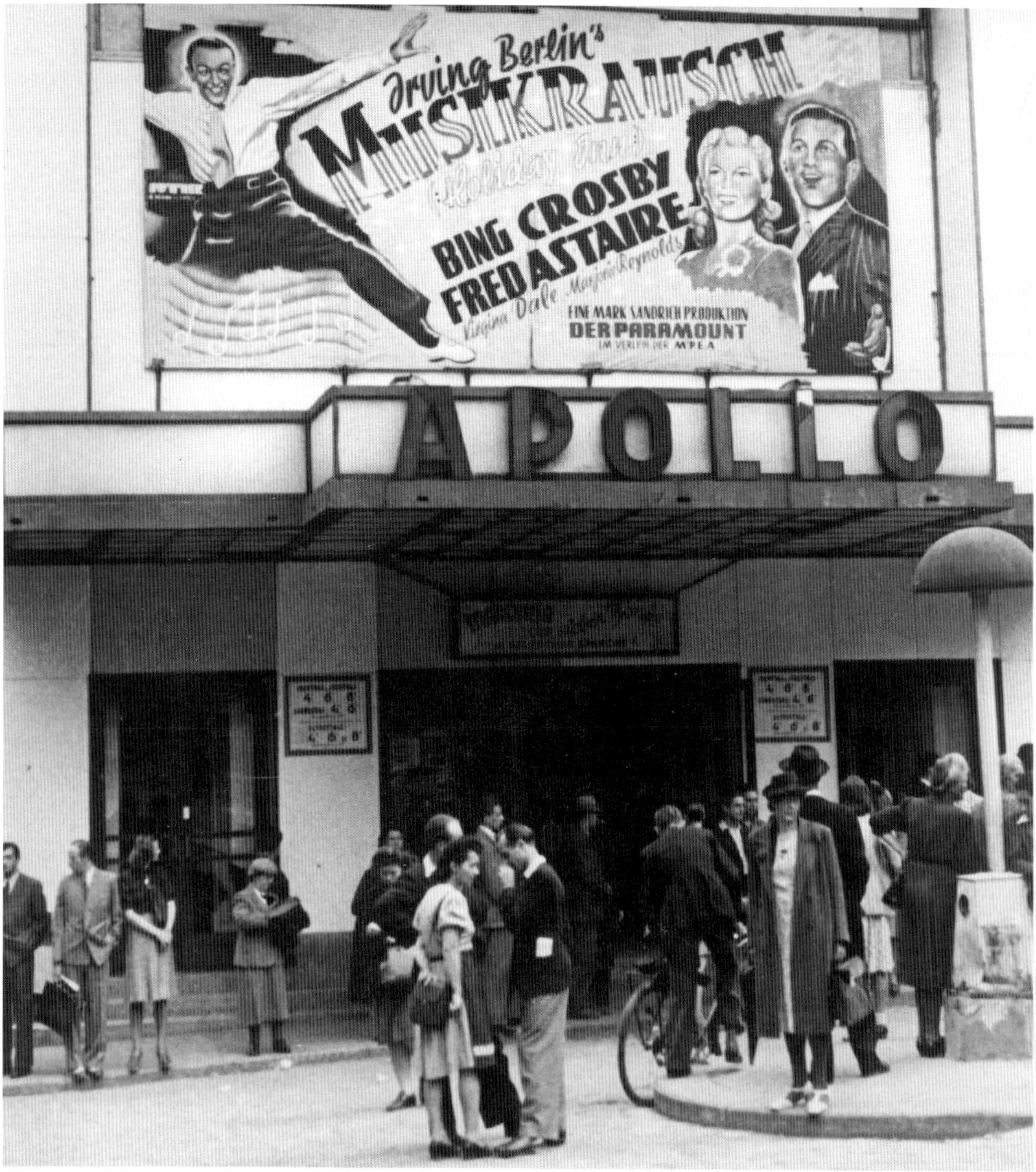


Seite 62

Premiere des Revuefilms „Musikrausch" mit Fred Astaire und Bing Crosby im „Apollo-Kino", 1947.

Rechte Seite

Das „Apollo-Kino": Laut Plakat stand der Film „Der Mörder Dimitri Karamasoff" auf dem Spielplan. 1904 wurde an der Ecke Gumpendorfer Straße und Kaunitzgasse das „Apollo-Theater" mit einer glamourösen Revue eröffnet. Nach dem Ersten Weltkrieg wurde das Theater in ein Lichtspieltheater umgewandelt. Es war das erste Wiener Kino, das einen amerikanischen Tonfilm („Show Boat") zeigte.

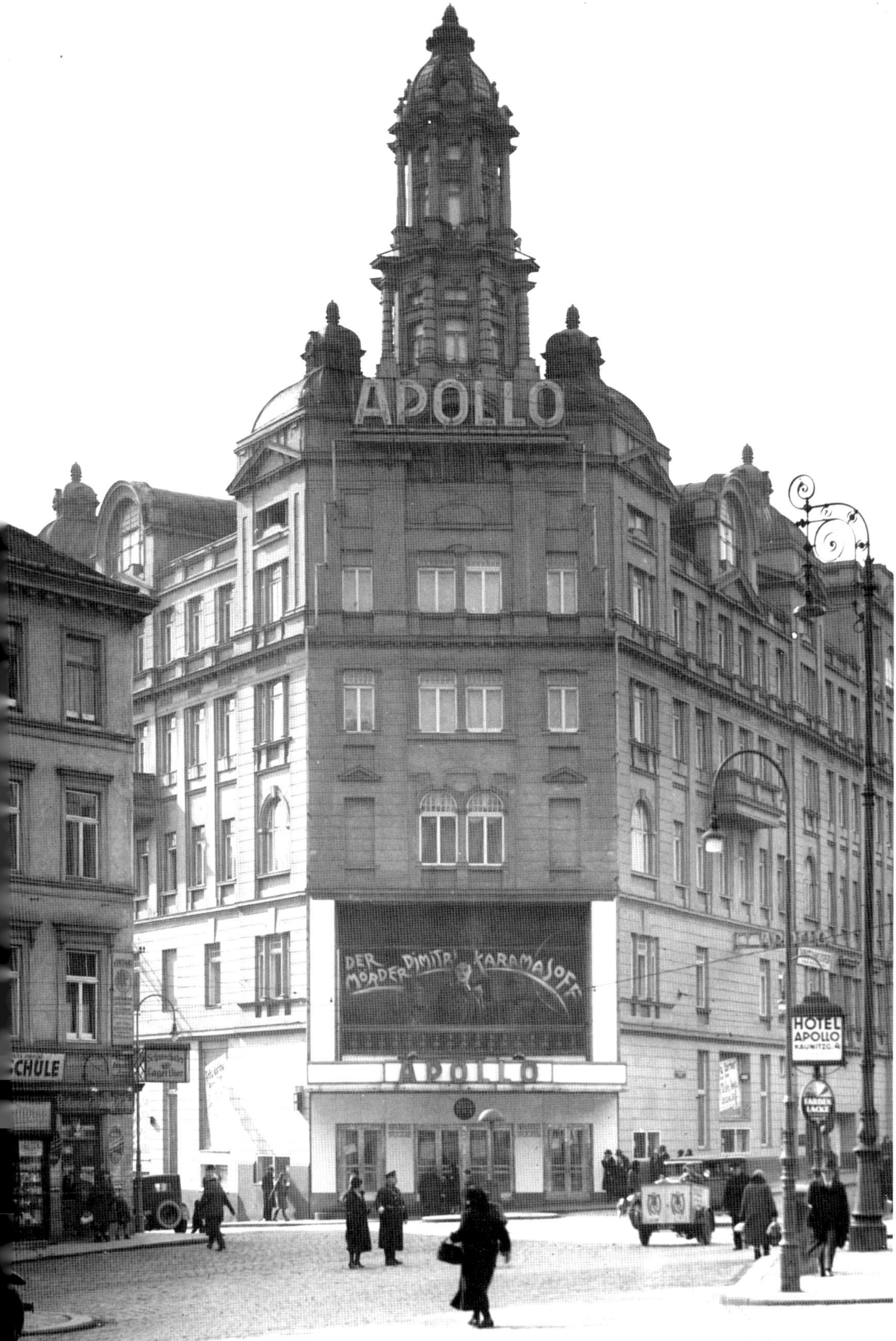
APOLLO
DER MÖRDER DIMITRI KARAMASOFF
APOLLO
HOTEL APOLLO KAUNITZG. 4
SCHULE

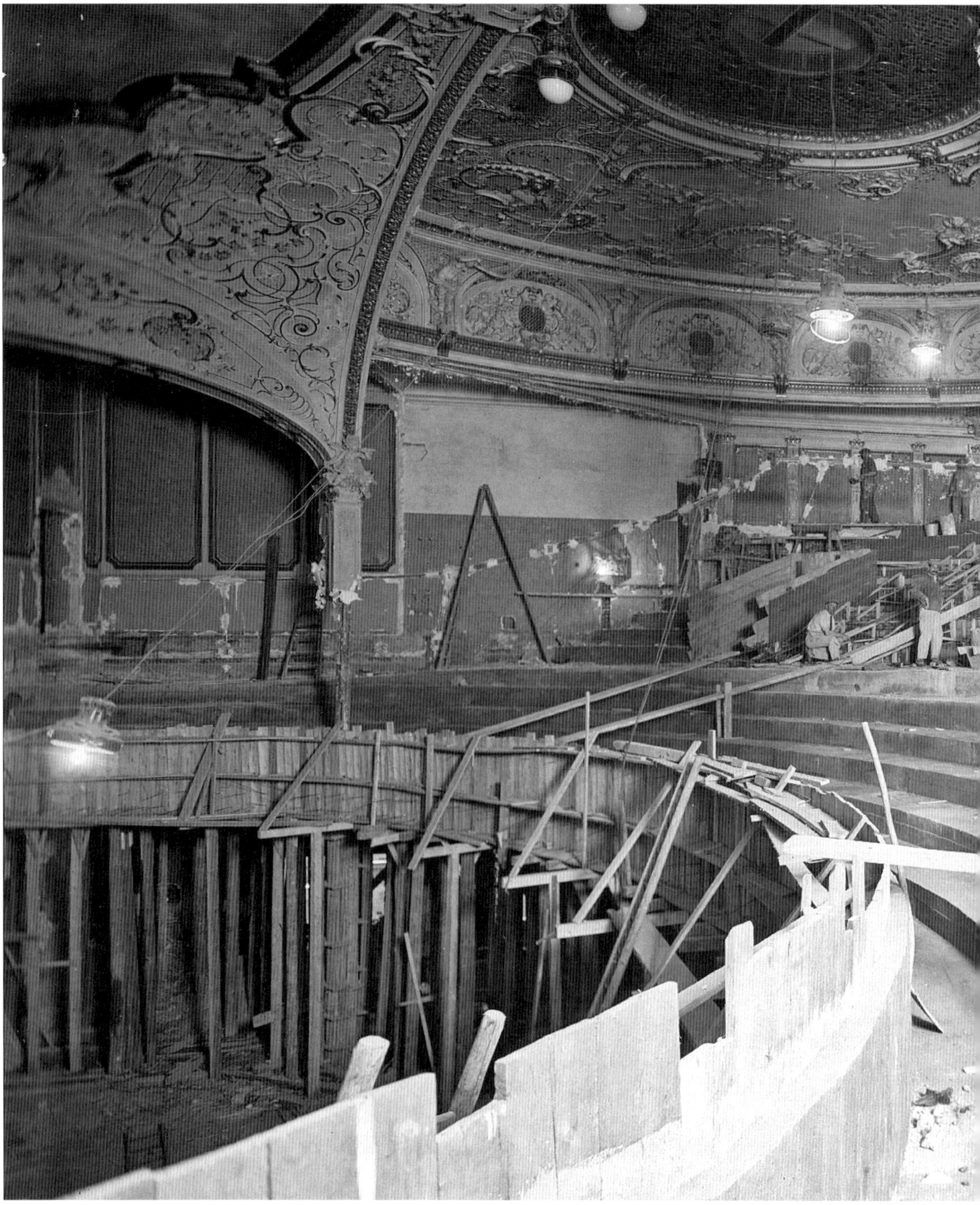

Seite 64

Das „Apollo-Theater“ in einer Aufnahme quer über die Galerie, während des Umbaus zum Kino durch Carl Witzmann, 1929. Das ehemalige Theater in der Gumpendorfer Straße war als zweites Wiener Varieté-Theater 1904 von Eduard Prandl errichtet worden. Carl Witzmann, der 1929 ein Kino in das Gebäude integrierte, ließ einige der wunderschönen Stuckdekorationen in Teilen bestehen. Diese gibt es heute leider nicht mehr, die Reste der einmaligen Dekorationen wurden 1993 endgültig vernichtet.

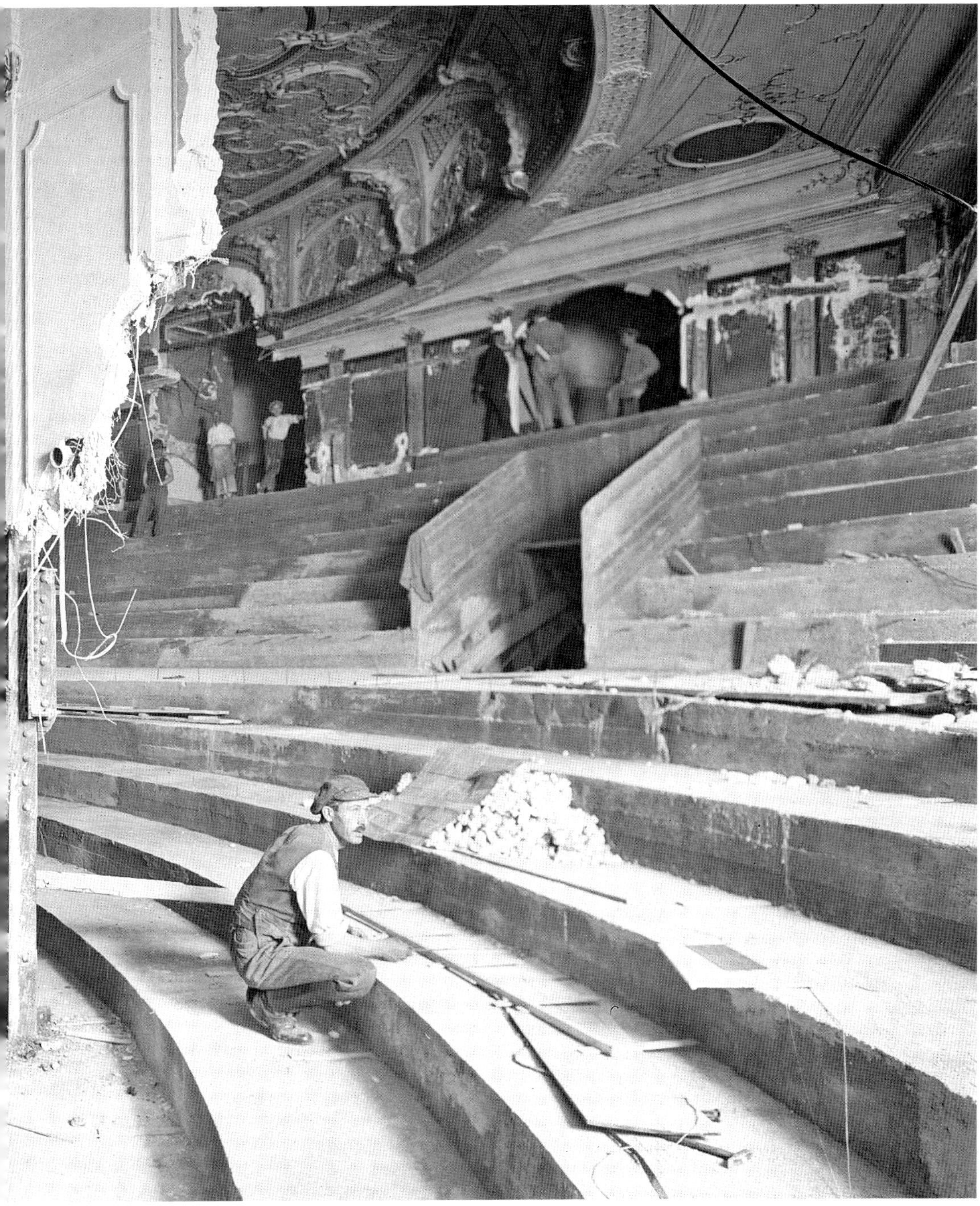

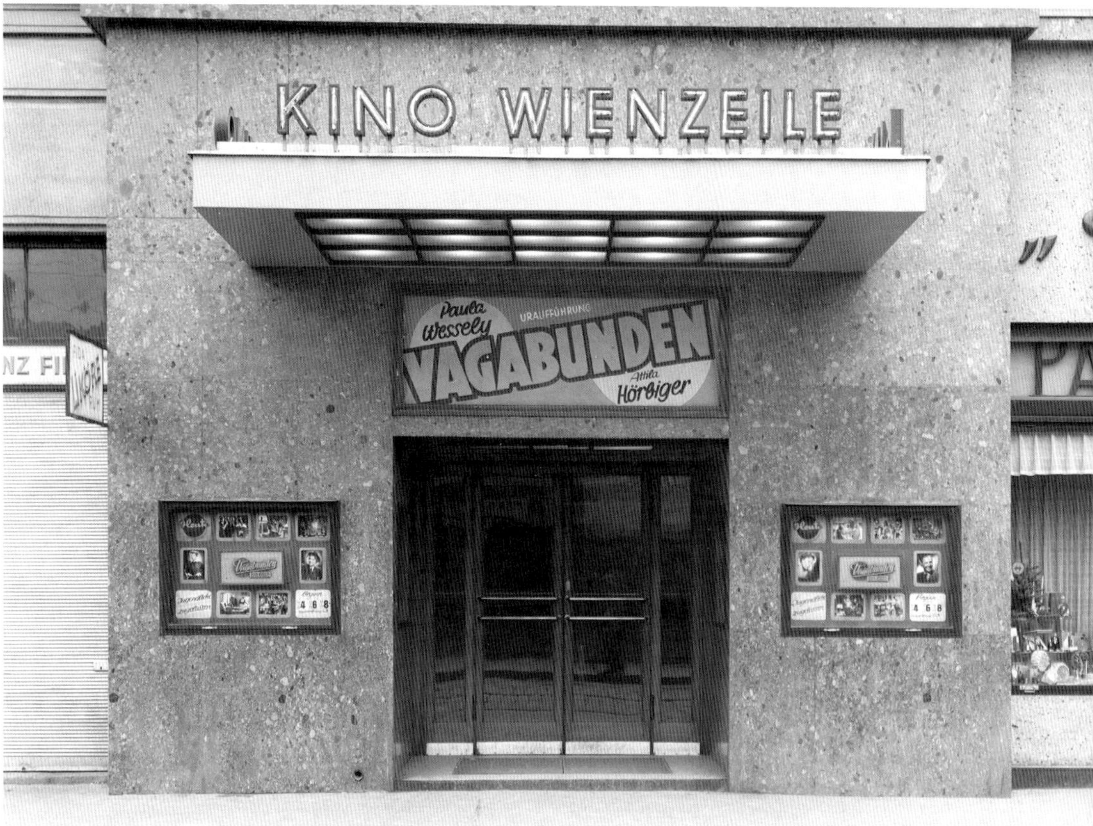


Seite 66

Das „Kino Wienzeile“, Linke Wienzeile 4 (ehemals Magdalenenstraße 4), im 6. Bezirk in einer Frontalansicht, 1949. Das Kino wurde von Karl Juhasz gegründet, einem Pionier der Wiener Kinogeschichte, der hier bis Ende 1912 das von ihm patentierte „Kinoplastikon“ zeigte – eine Mischform aus Film und Theater, bei der vor allem Märchen und Sagen in dreidimensionalen „Bildern“ vorgeführt wurden.

Rechte Seite

Das imposante Filmplakat zur Erstaufführung des Lothar-Rübelt-Films „Mit dem Motorrad über die Wolken“ im „Flottenkino“, 1926. Im Jahre 1914 war im „Flottenvereinskino“ kurzzeitig ein Verwundetenspital untergebracht. Ab 1919 war dem Kino ein Kaffeehaus in den Warteräumen angeschlossen, in dem Vormittagskonzerte aufgeführt wurden.

Nicht minder beeindruckt zeigen sich zwei junge Männer von dem Kinowerbeplakat des „Flottenkinos“, das die attraktive Schauspielerin Janet Leigh spärlich bekleidet in einer Szene aus dem Film „Psycho“ von Alfred Hitchcock zeigt.

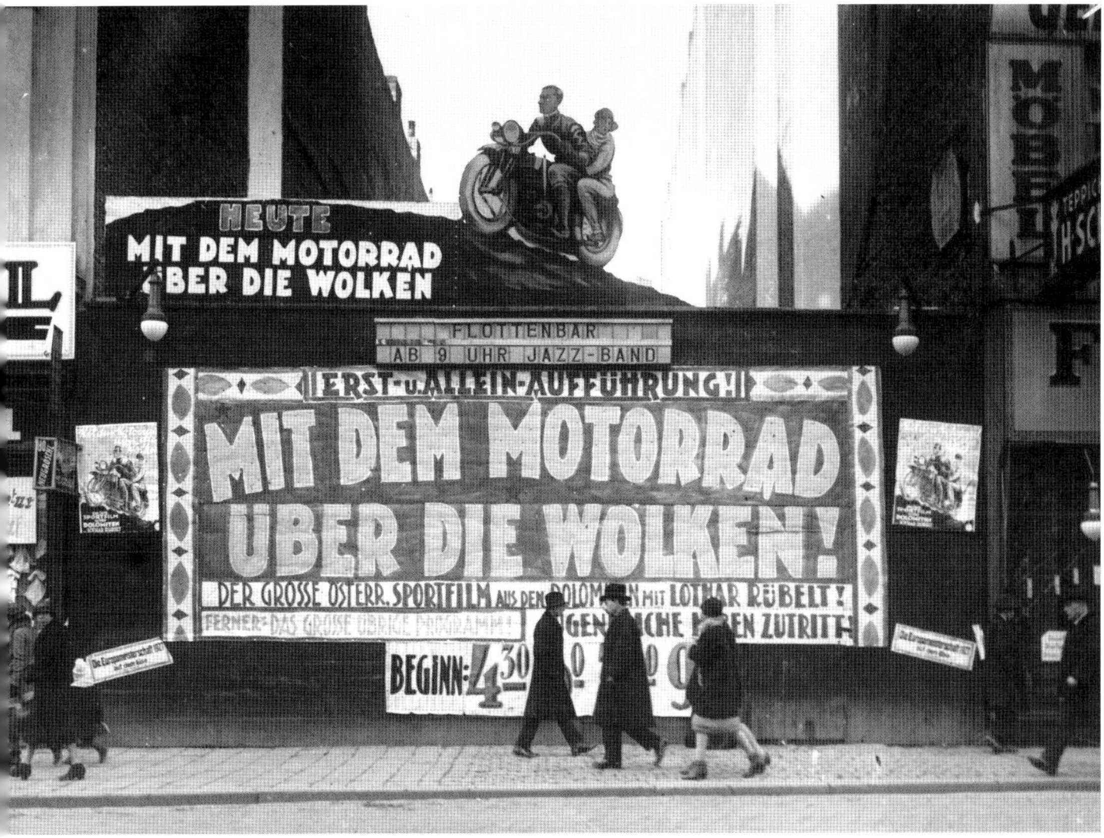
HEUTE
MIT DEM MOTORRAD
ÜBER DIE WOLKEN
FLOTTENBAR
AB 9 UHR JAZZ-BAND
ERST- u. ALLEIN-AUFFÜHRUNG!
MIT DEM MOTORRAD
ÜBER DIE WOLKEN!
DER GROSSE ÖSTERR. SPORTFILM AUS DEN DOLOMITEN MIT LOTHAR RÜBELT!
FERNER: DAS GROSSE ÜBRIGE PROGRAMM!
BEGINN: 4 30

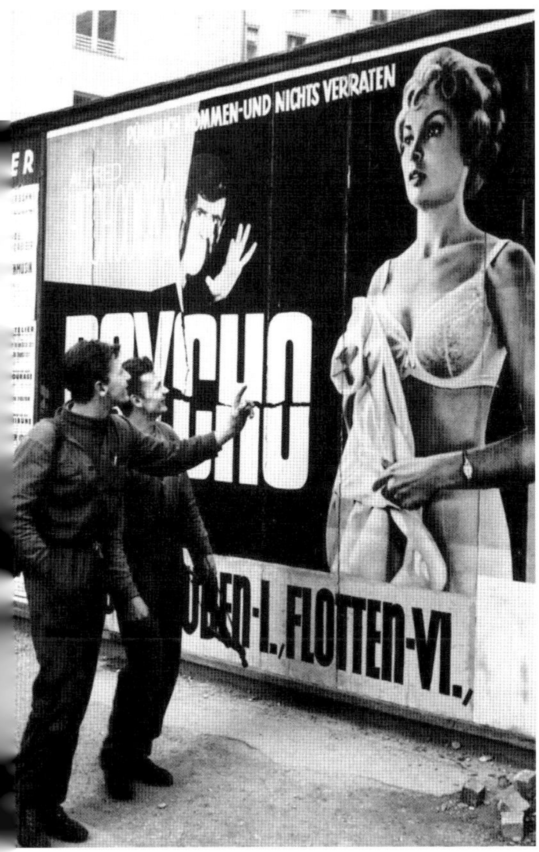
KOMMEN-UND NICHTS VERRATEN
FLOTTEN-VI.,

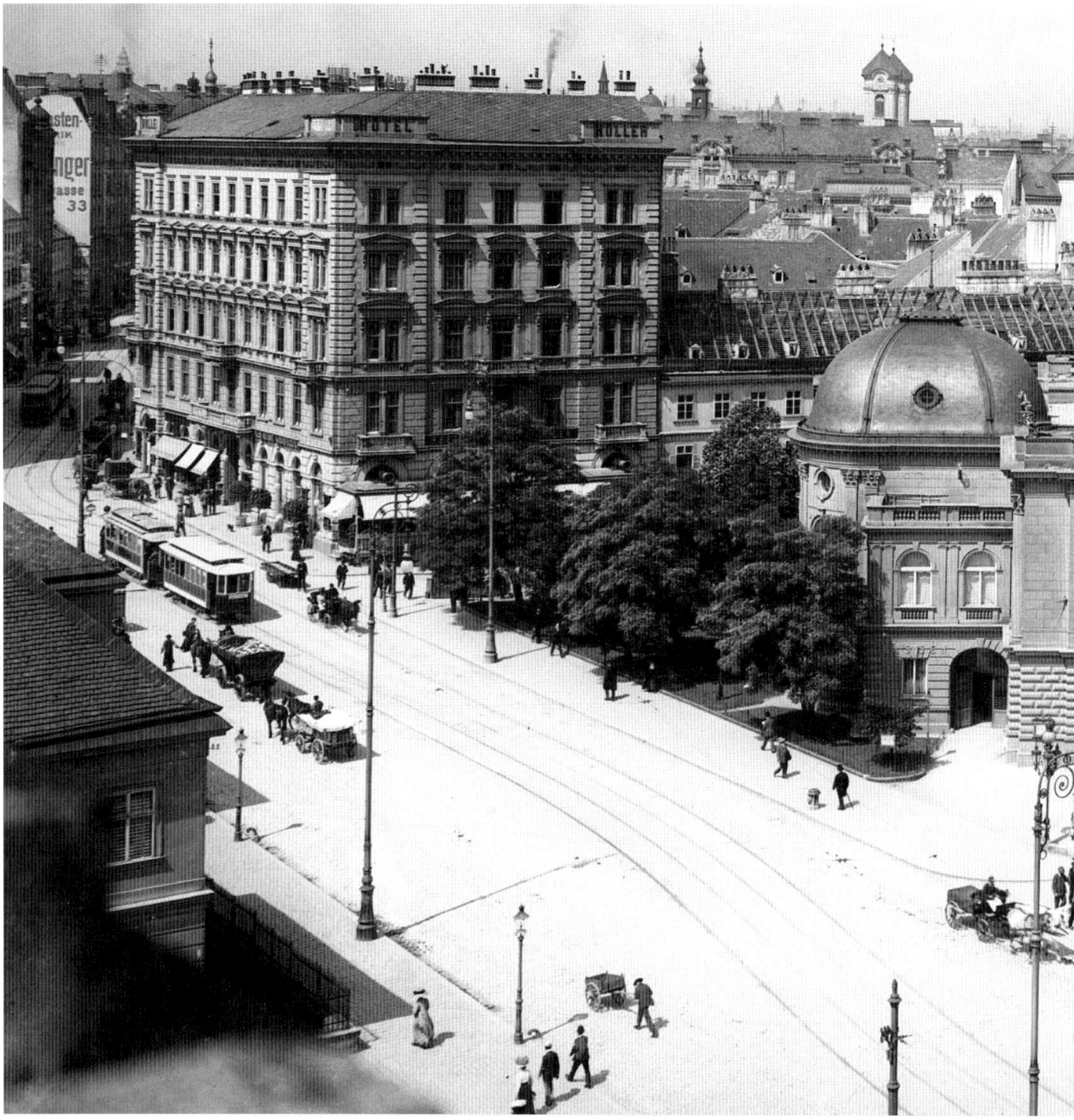
HOTEL
MÜLLER

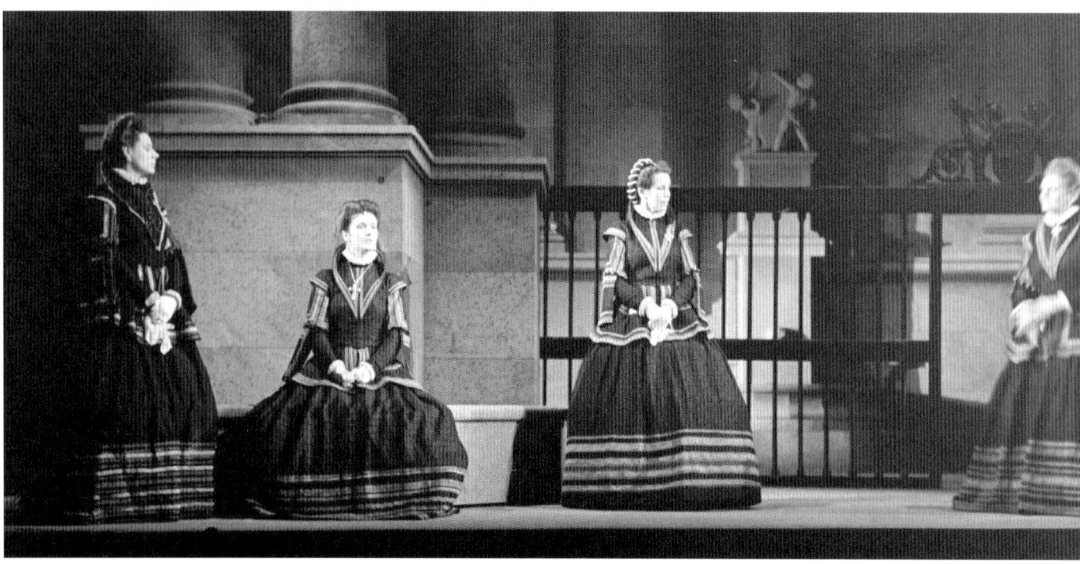

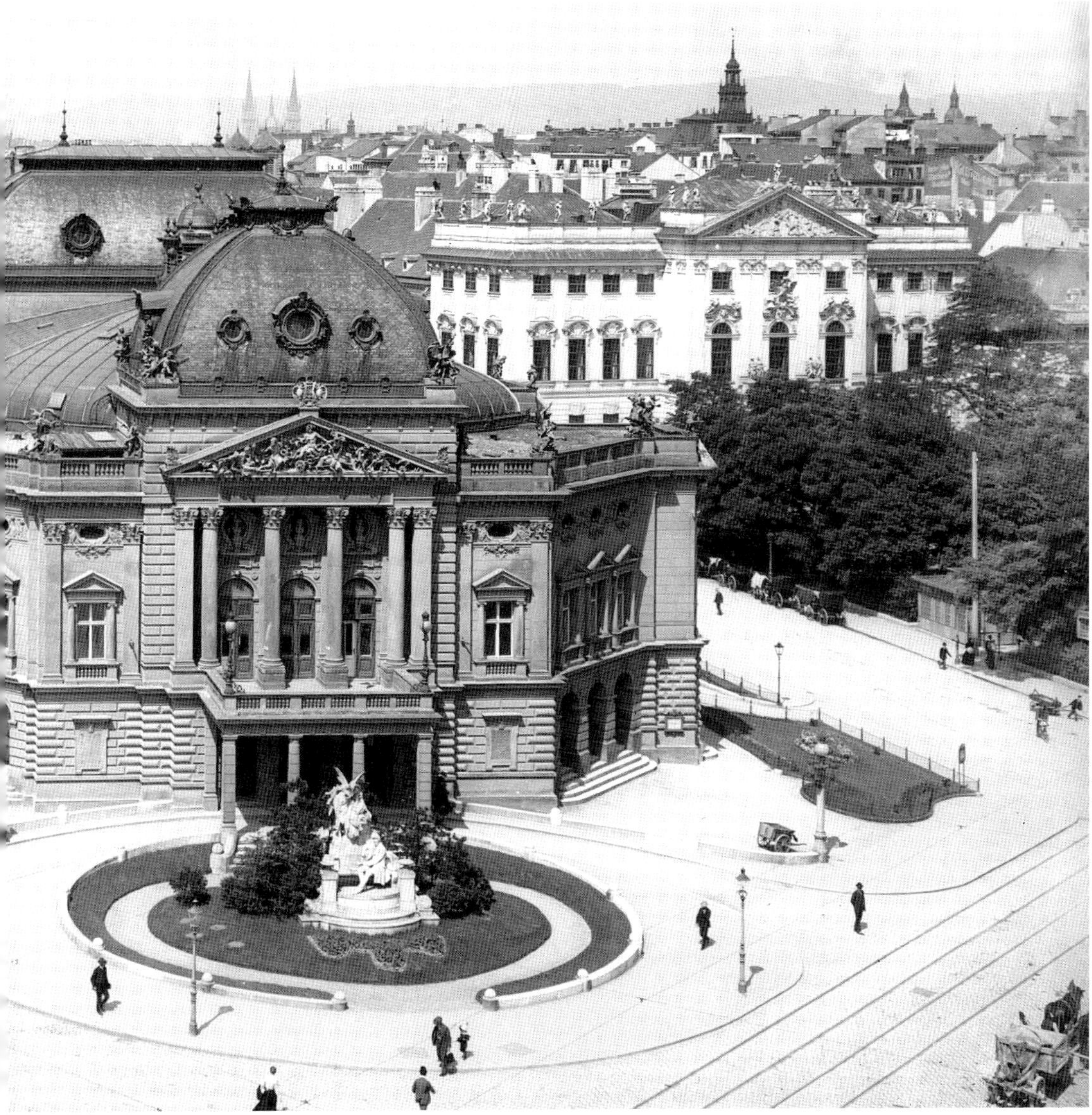

Seite 69

Das „Volkstheater“ in einer beeindruckenden Ansicht: Das Bild wurde wohl vom Dach des Naturhistorischen Museums Anfang des 20. Jahrhunderts aufgenommen. Das (Deutsche) Volkstheater wurde in den Jahren 1887–1889 von den Theaterarchitekten Ferdinand Fellner und Hermann Helmer errichtet und 1889 mit der Uraufführung von Ludwig Anzengrubers Stück „Der Fleck auf der Ehr'“ eröffnet. 1945 wurde, auf Initiative der Schauspieler und Techniker der bekannten Spielstätte, der Name offiziell in „Volkstheater“ geändert.

Ein imposantes Szenenbild der Erstaufführung Friedrich von Schillers „Don Carlos“ im „Volkstheater“ im Jahre 1946.

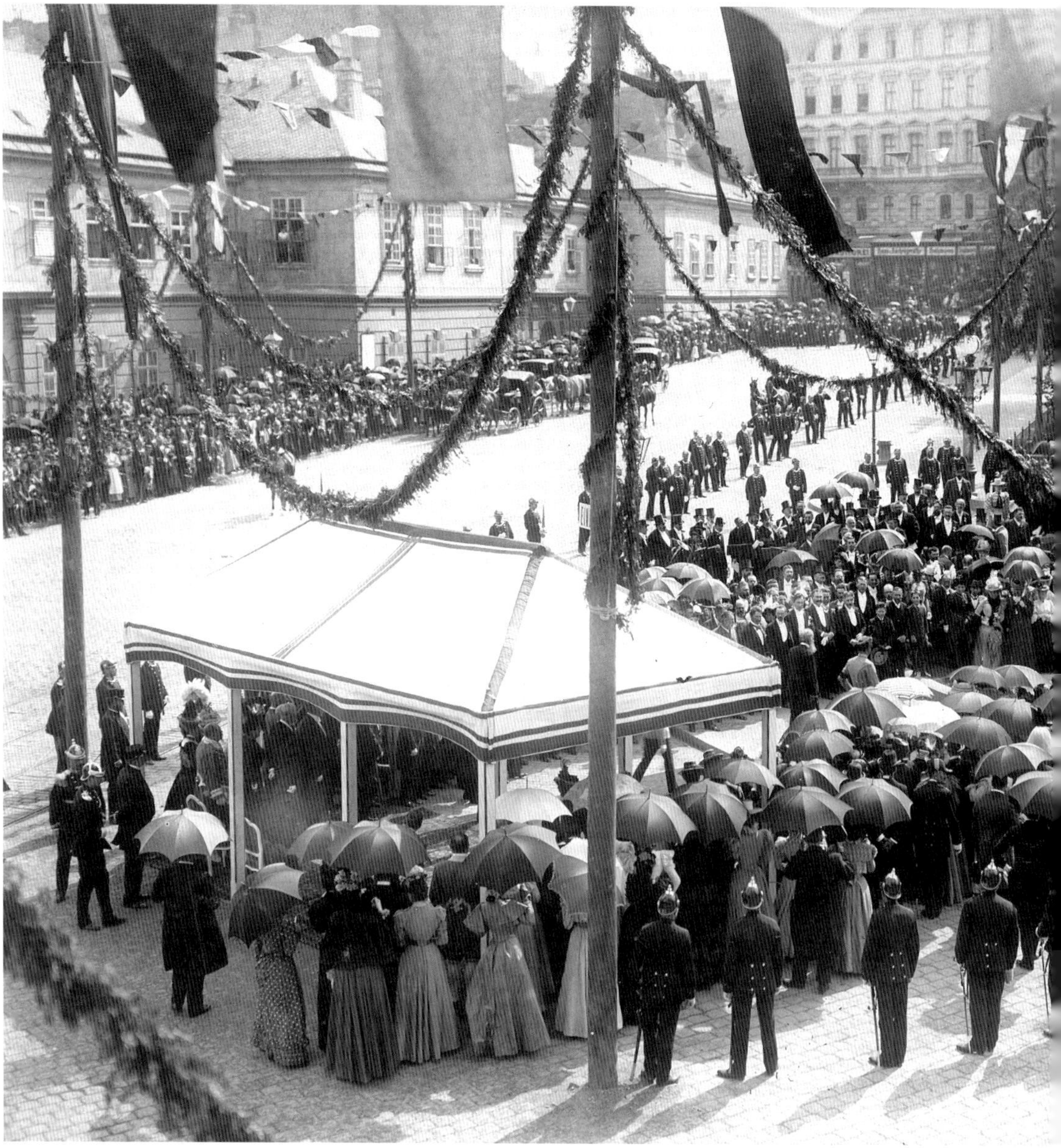

Seite 70

Das „Volkstheater“ in der Neustiftgasse 1:
Wien im Jahre 1898: die feierliche Feier zur Enthüllung des Denkmals für Ferdinand Raimund vor dem damals noch „Deutschen“ Volkstheater.

Rechte Seite
Der sitzende Ferdinand Raimund vor dem „Volkstheater“, 1905.

Das Theaterensemble um 1900 vor dem Bühnentürl.

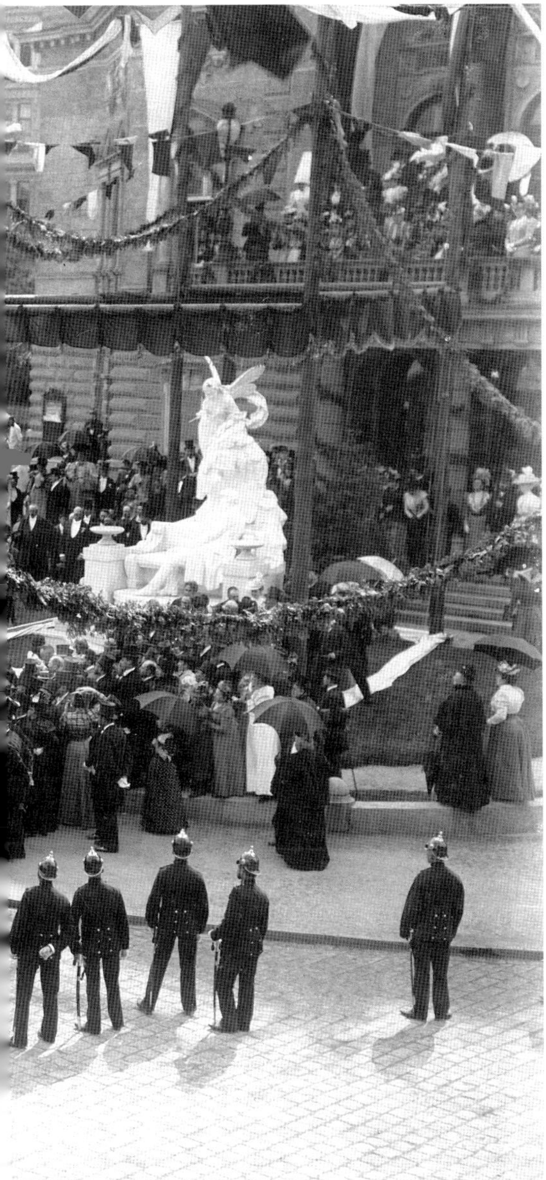
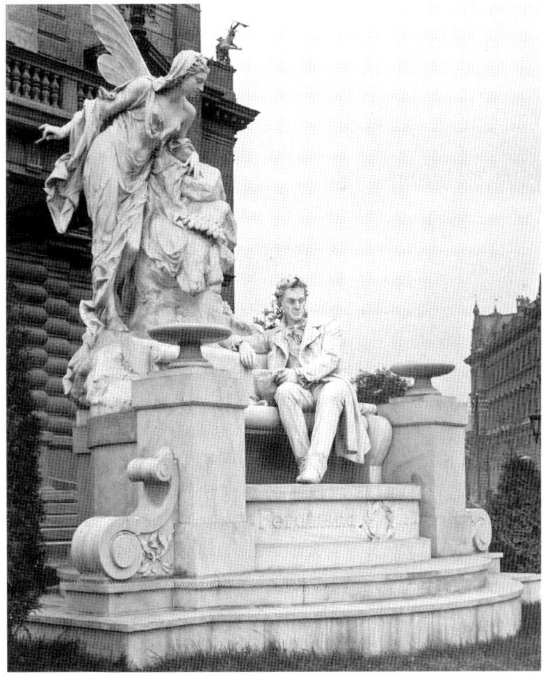
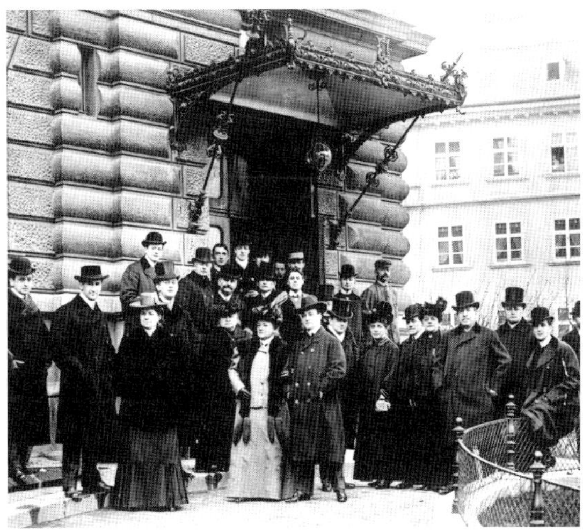

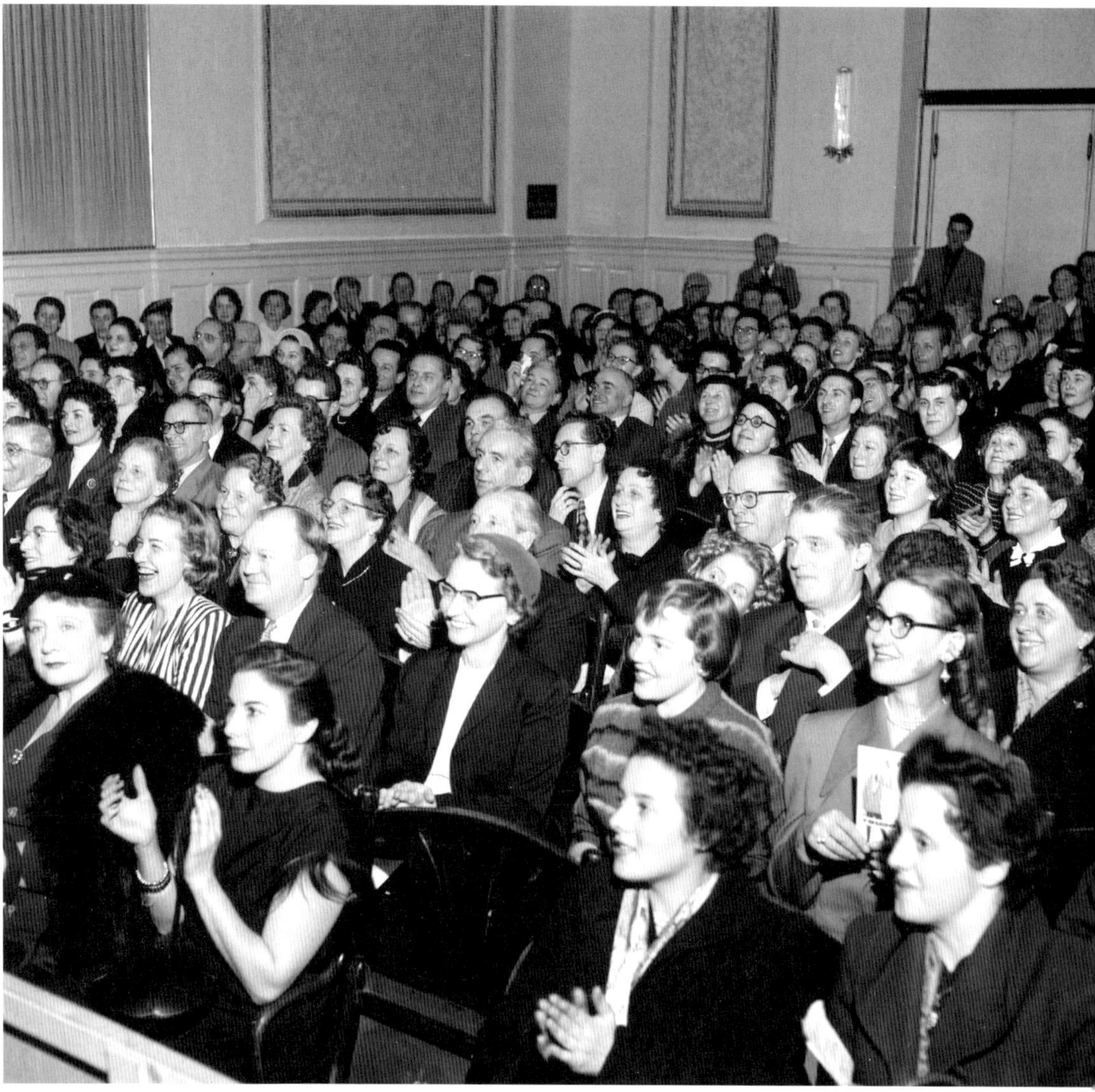

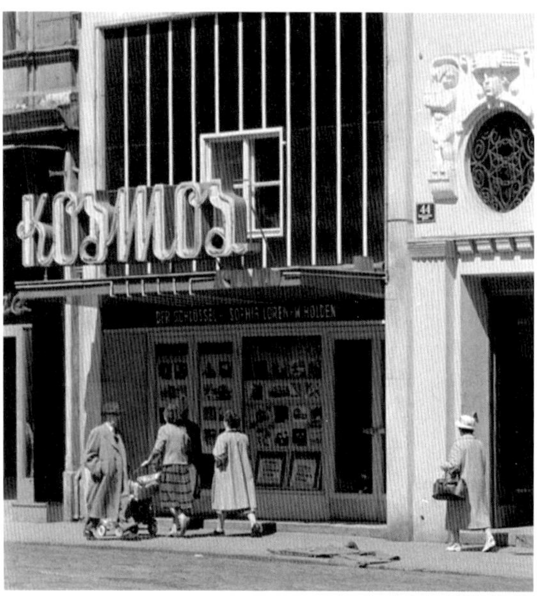
KOSMOS
DER SCHLÜSSEL · SOPHIA LOREN · W HOLDEN

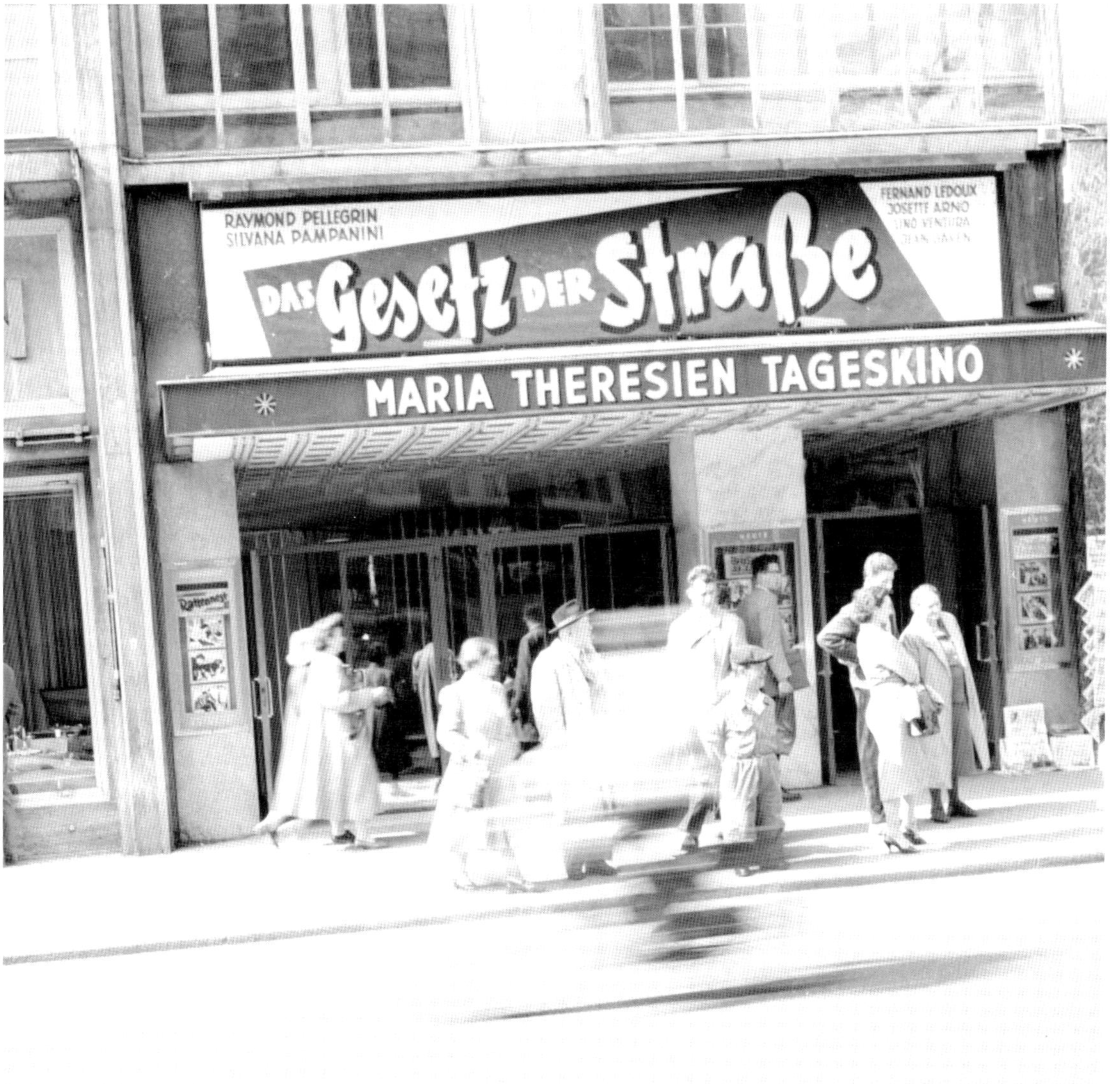


Seite 73

„Kosmostheater“: Blick in den gut besuchten Zuschauerraum während eines Musical-Abends, 1955.

Das „Kosmostheater“ in der Siebensterngasse 42, 1959. Früher war hier das 1914 gegründete „Kosmos Kino“ untergebracht – hier wurden auch wissenschaftliche Filme gezeigt.

Rechte Seite

Das ehemalige „Maria Theresia Tageskino“ in der Mariahilfer Straße 70 im 7. Bezirk. Das Kino wurde 1918 gegründet, Tonfilme konnte man ab dem Jahre 1927 genießen.

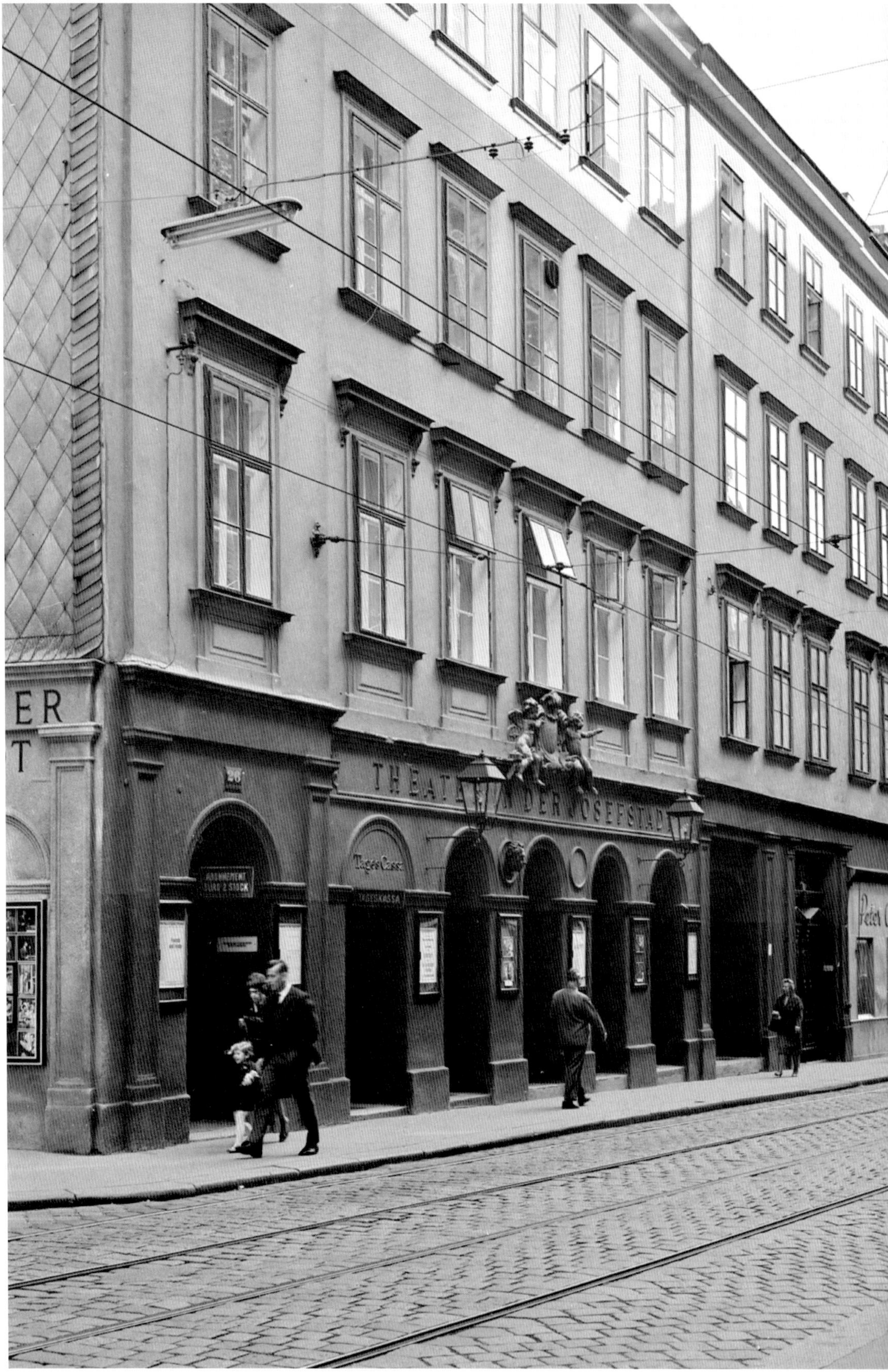
ER
T
THEAT
DER
OSEFSTAD
Tages Cassa
TAGESKASSA

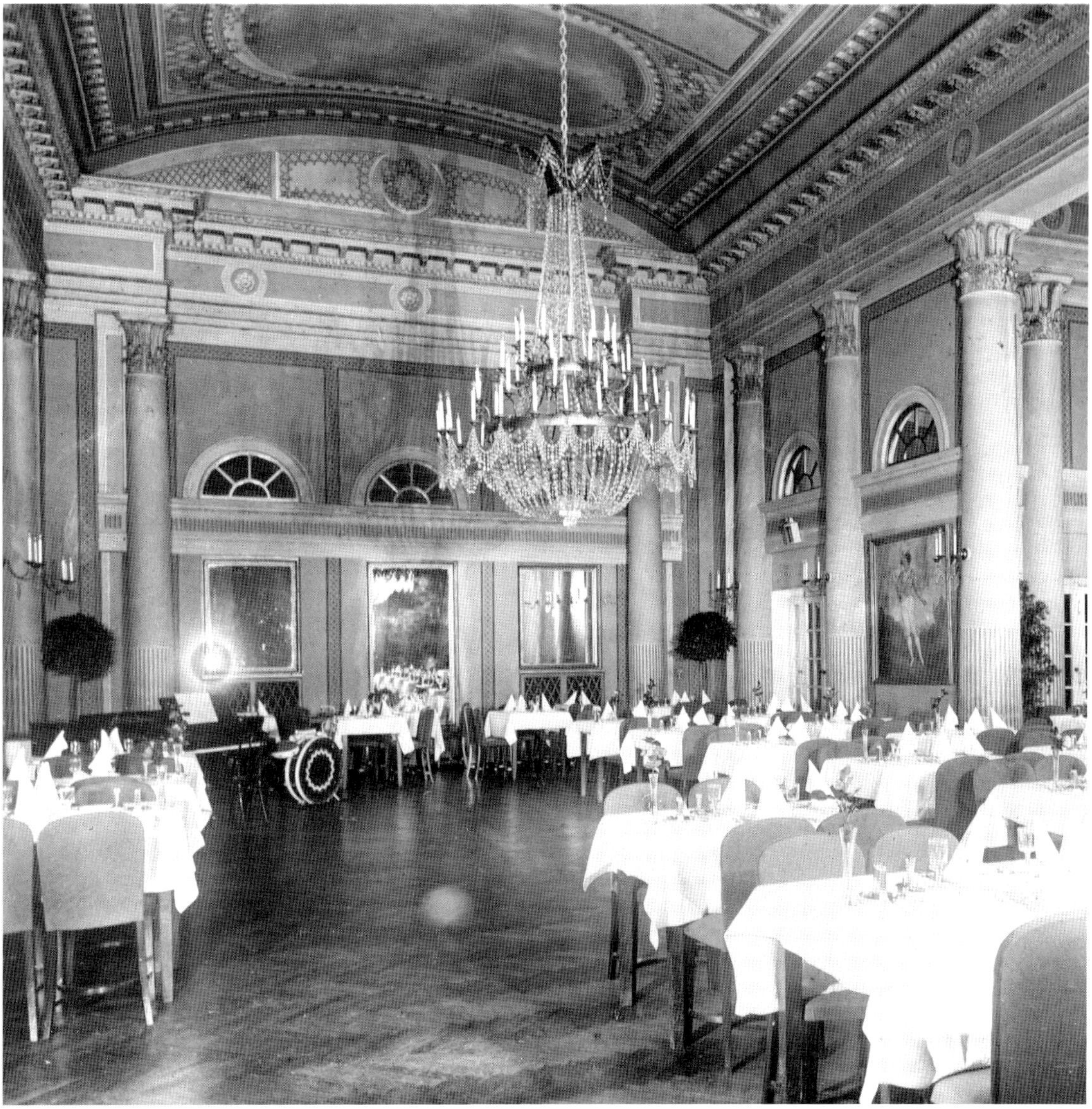

Seite 75

„Theater in der Josefstadt": Die Abbildung zeigt die Fassade des Theaters. Das Gebäude hat sich seit der damaligen Aufnahme nur geringfügig verändert. Gegründet wurde das Theater im Jahre 1788 und ist somit das älteste noch bespielte Theater der Stadt. Die Wiener bezeichnen ihr Theater im 8. Bezirk meist nur als „die Josefstadt". Hier gaben sich Größen wie Ferdinand Raimund und Johann Nestroy die Ehre. Es finden sich viele bekannte Namen in den Verzeichnissen: Attila und Paul Hörbiger, Paula Wessely, Hans Moser, Annie Rosar, Marlene Dietrich, Helmut Qualtinger, Heinz Conrads, Oskar Werner und viele andere.

Rechte Seite

Sträußl-Säle: der große Saal mit aufgestellten Speisetischen und einem Flügel zur musikalischen Unterhaltung um 1932.

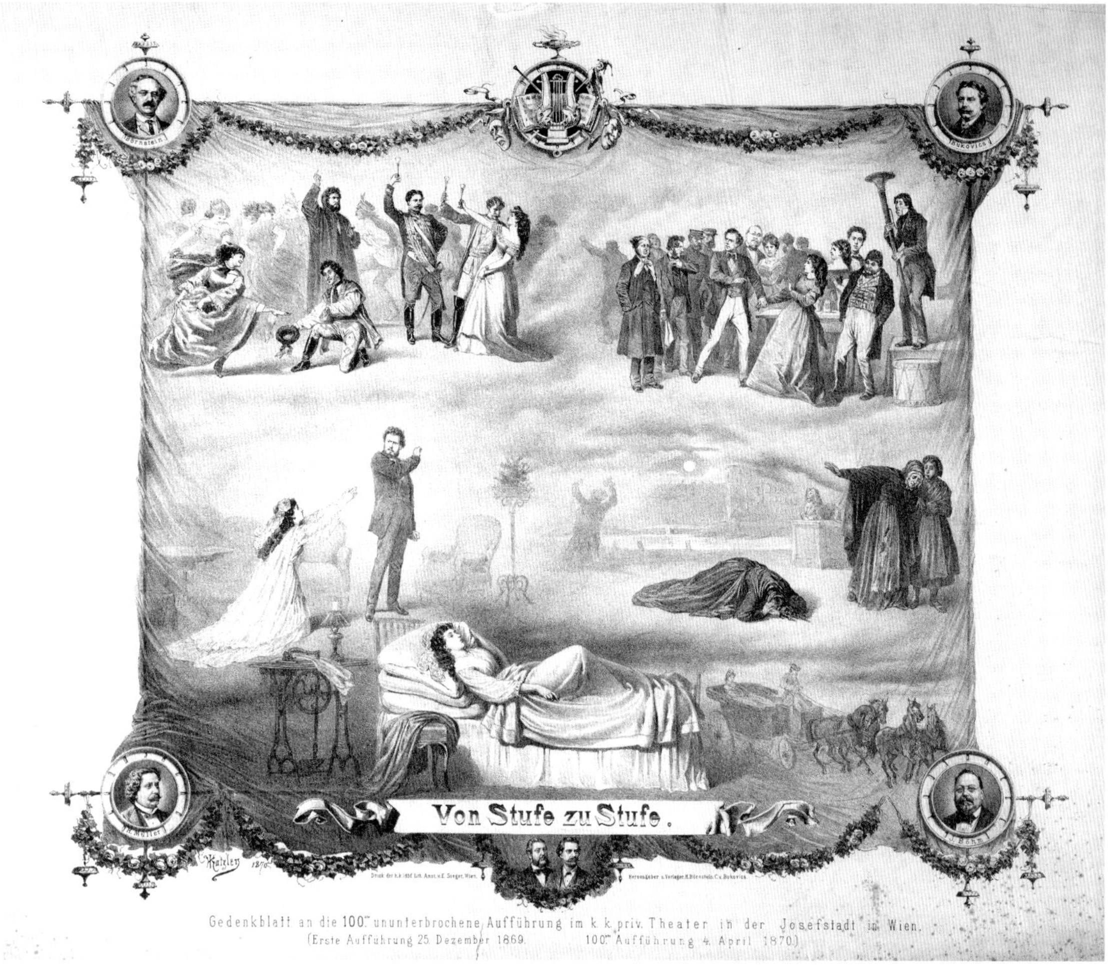


Seite 76

„Theater in der Josefstadt“: Tableau mit Szenenbildern aus dem Lebensbild „Von Stufe zu Stufe“ von Hugo Müller und Joseph Böhm anlässlich der 100. Aufführung im Jahre 1870. Mit den Bildnissen der Autoren und der Direktoren Heinrich Börnstein und Karl Bukovics nach einer Lithografie von Vinz Katzler. Dank der insgesamt 121 Aufführungen dieses Stückes konnte der Zusammenbruch des Theaters vermieden werden.

Rechte Seite

Der beliebte Schauspieler Hermann Thimig (1890–1982) als „Dame Kobold“ in einer Inszenierung von „Der Kaufmann von Venedig“ am „Theater in der Josefstadt“ unter Max Reinhardt. Thimig wurde im Jahre 1965 zum Ehrenmitglied des „Burgtheaters“ ernannt. Er ist am Sieveringer Friedhof begraben.

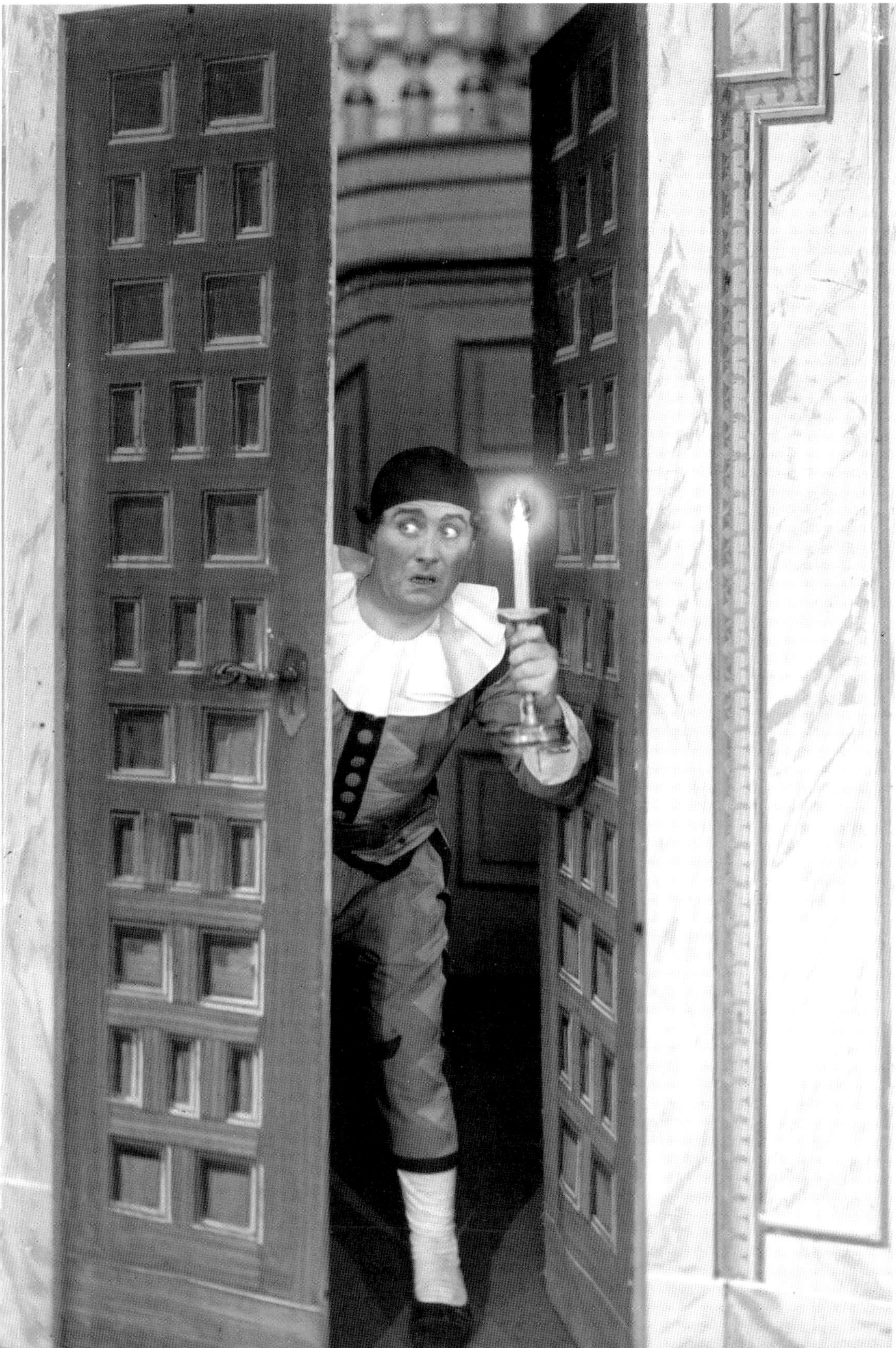

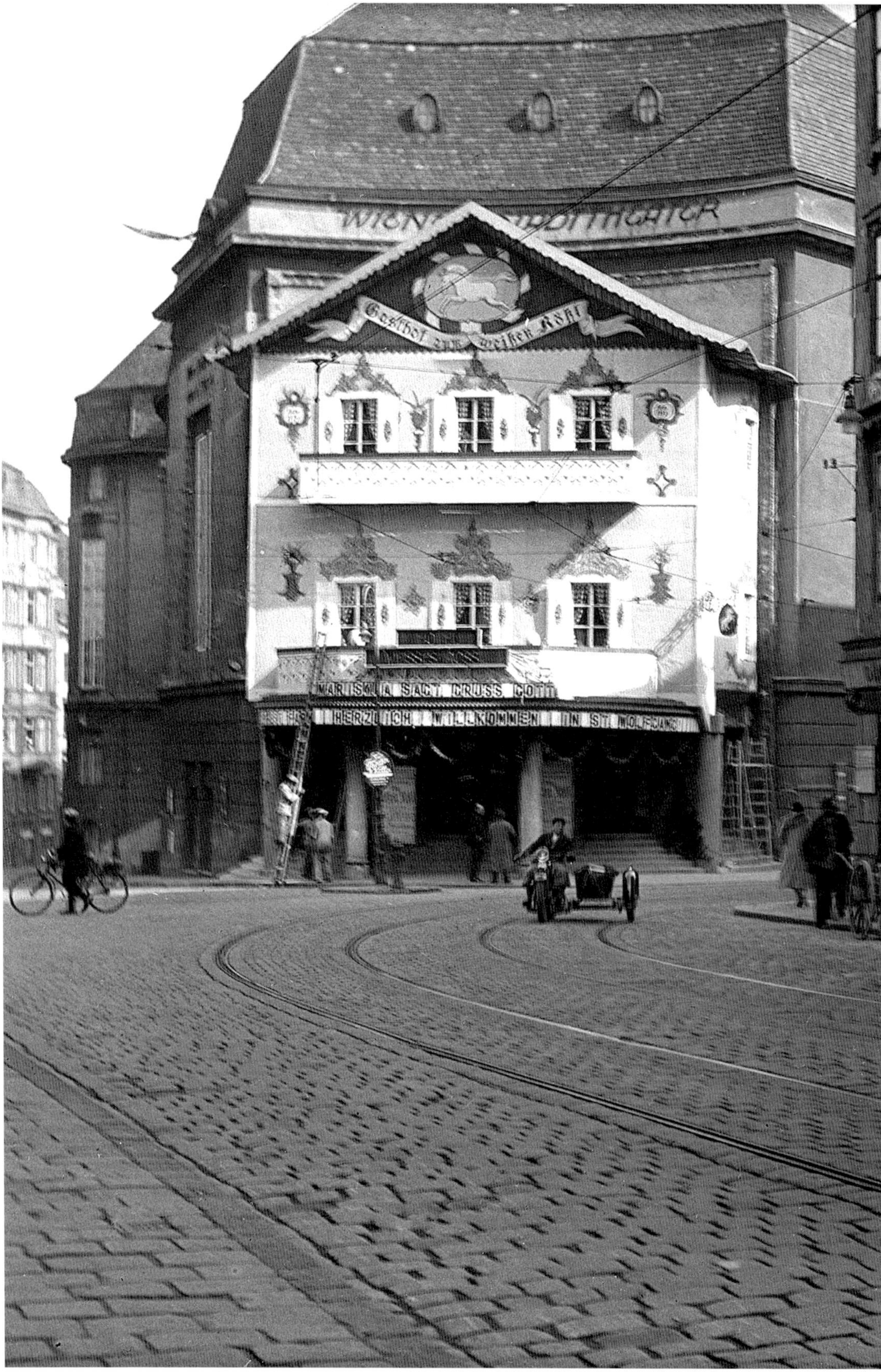
Gasthof zum weißen Rößl
MARISKA SAGT GRUSS GOTT
HERZLICH WILLKOMMEN IN ST WOLFGANG

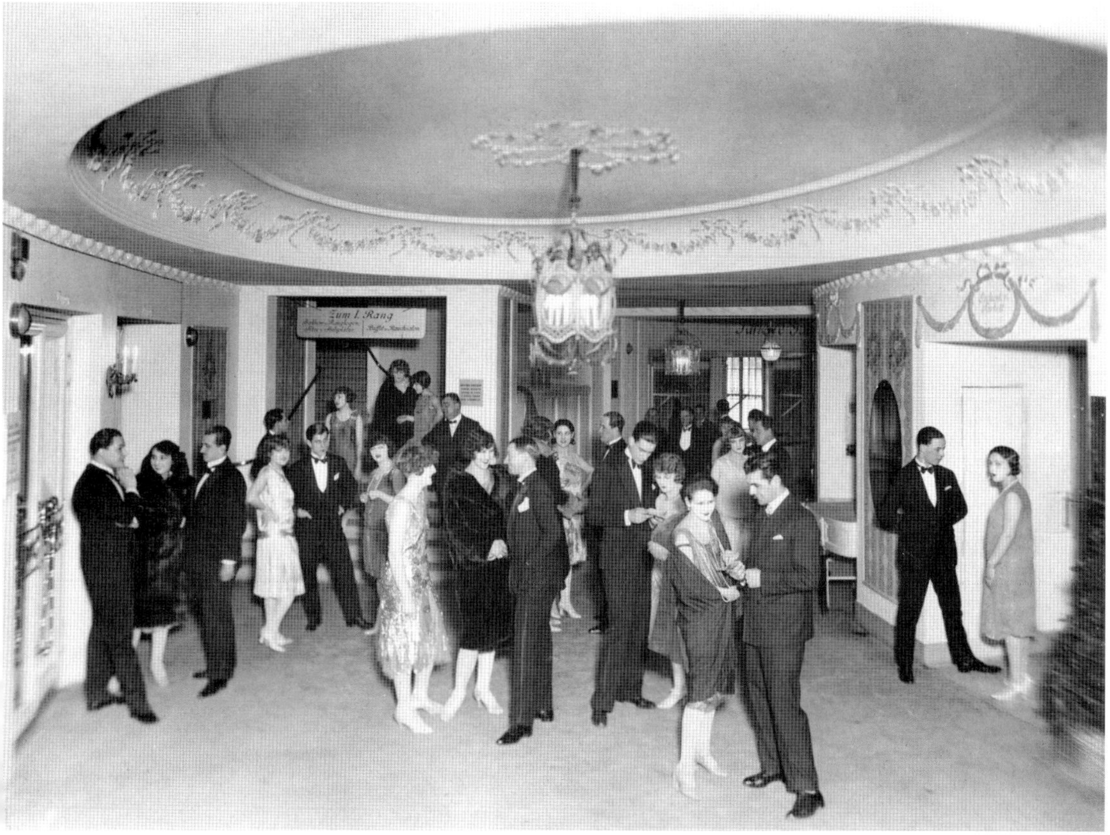


Seite 79

Die Stirnfront des ehemaligen „Wiener Stadttheaters“ in der Laudongasse, 1930. Im Jahr 1949 erlebte das Theater die Uraufführung der Robert-Stolz-Operette „Frühling im Prater“ mit Heinz Conrads und Peter Alexander unter der Regie von Hubert Marischka. Im Jahre 1961 wurde es abgerissen. Das neu errichtete Gebäude beherbergte lange Jahre den Hauptsitz der Wiener Büchereien. Heute befindet sich hier die Zentrale der Musikschulen der Stadt Wien.

Rechte Seite
Das Foyer im Stadttheater mit einer festlich gekleideten Besucherschar, 1926.

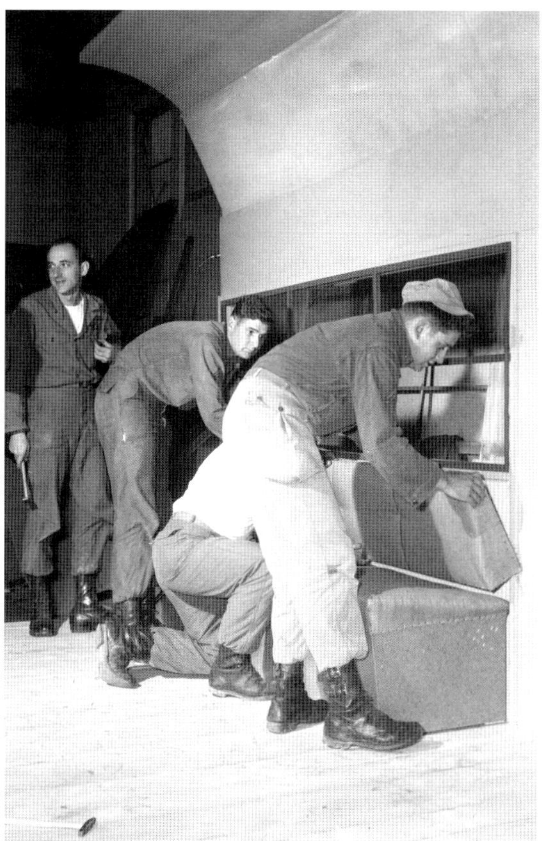

Fleißige Bühnenarbeiter im Wiener Stadttheater beim Aufbau einer Musicalkulisse.

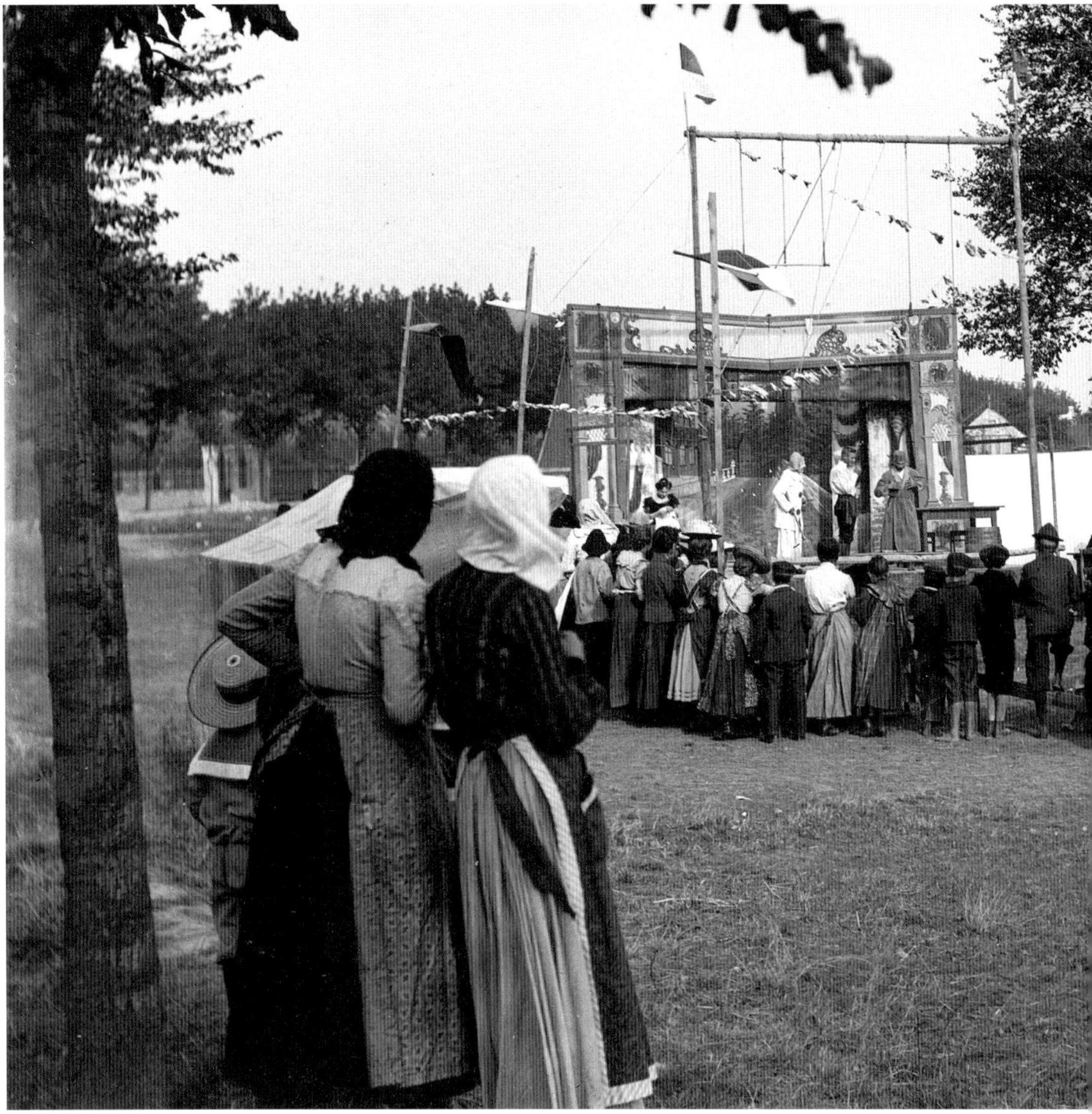

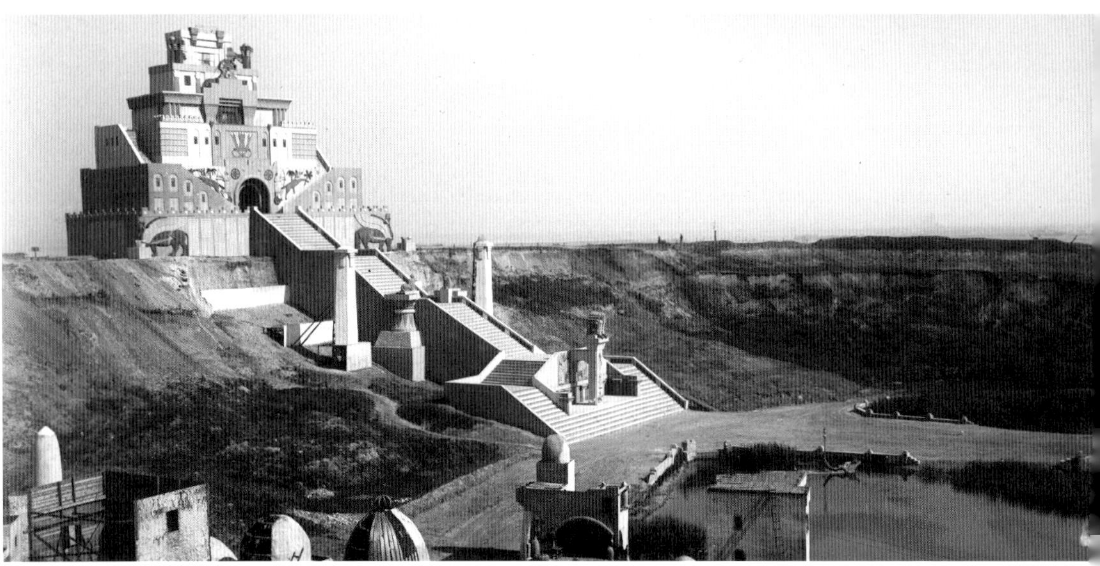

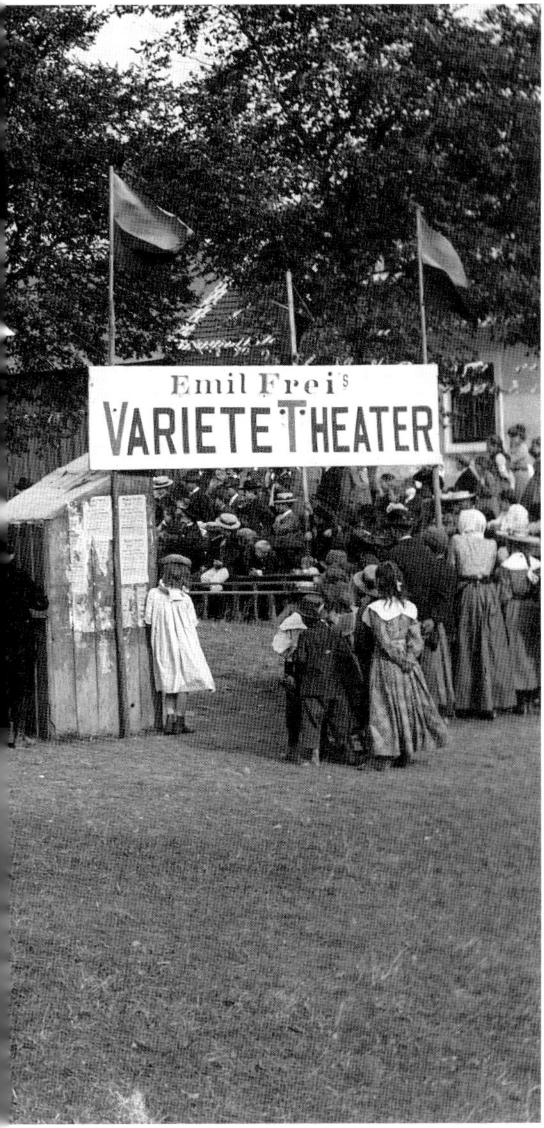


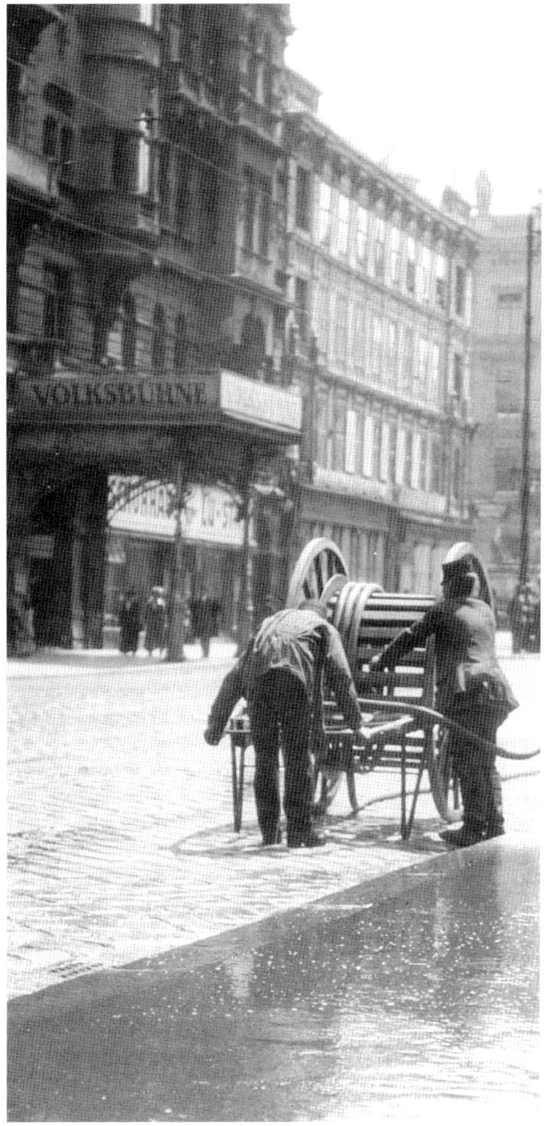

Seite 81

Ein Wanderzirkus und Varieté-Theater zu Gast in Albern, um 1912.

Die Kulissenaufbau am Laaer Berg in Favoriten für eine Filmaufnahme.

Rechte Seite
Nussdorferstraße 4, Alsergrund: Der Blick auf die Volksbühne, „Colosseum", 1918.
Das Gebäude des Vergnügungsetablissements beherbergte neben dem Tanzsaal und dem Theater auch Wohnungen, Geschäfte, ein Kaffeerestaurant und anderes mehr.
Heute befindet sich hier das Buffet Colosseum, das seine Gäste mit leckeren Brötchen verwöhnt.
Die Geschichte des Buffets begann mit dem Umbau des „Colosseum Variete Theaters" zum „Colosseum Kinocenter" im Jahre 1925.

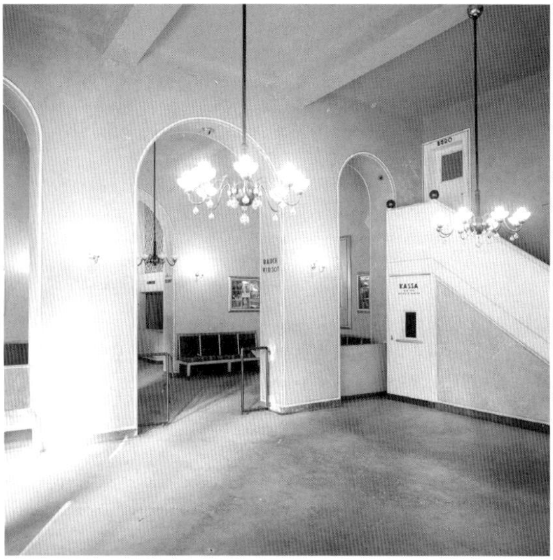

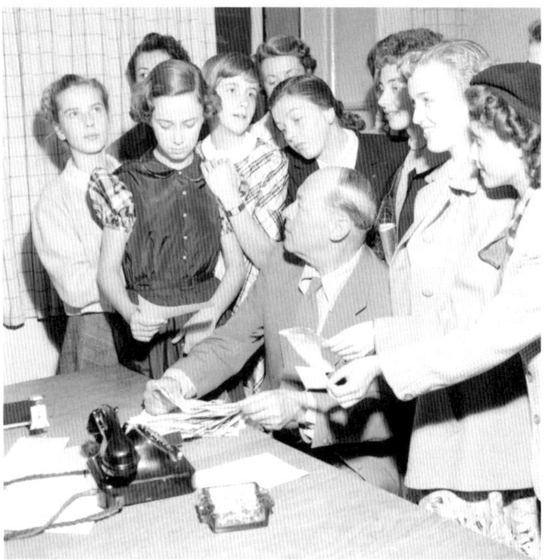

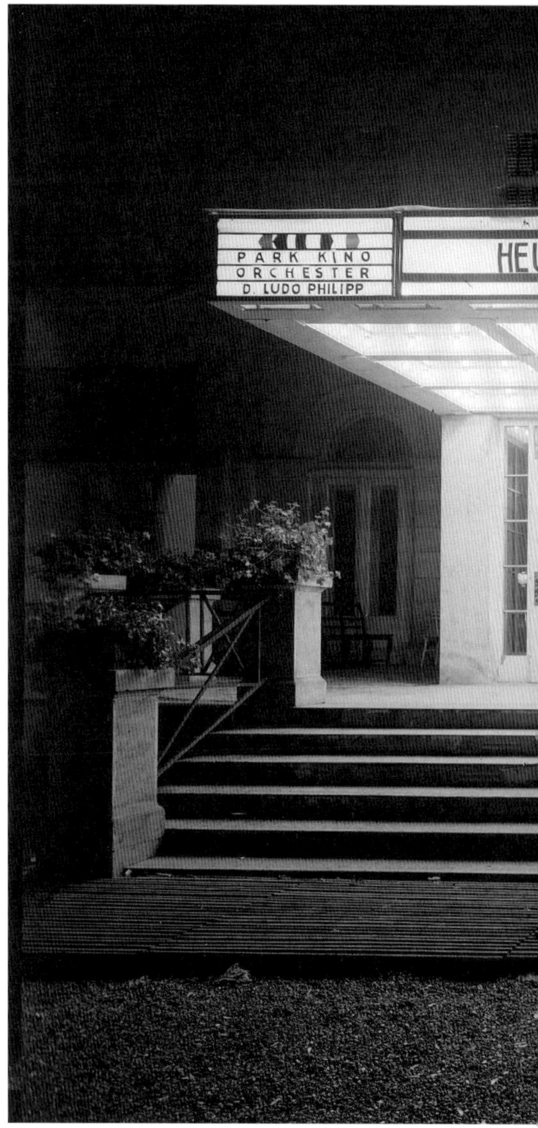


Seite 82

Das hell erleuchtete Foyer des „Park-Kinos“ in der Hietzinger Hauptstraße 22 im 13. Bezirk um 1930. Das „Park-Kino“ wurde im Jahre 1928 nach Plänen des Architekten Carl Witzmann umgebaut. Das Kino, vormalige „Hietzinger Arena“, war seit 1908 als Operettentheater in Betrieb. Ursprünglich war geplant, nur während der Sommermonate Kinovorstellungen zu geben.

Der Filmregisseur Emmerich W. Emo stark umschwärmt von Bewerberinnen für eine Filmrolle im Atelier Schönbrunn.

Rechte Seite

Der Eingang des „Park-Kinos“ in einer nächtlichen Ansicht um 1930. Es wurde der Stummfilm „Der Leutnant Ihrer Majestät“ (1929) unter der Regie von Jakob und Luise Fleck gezeigt. In der Hauptrolle Iwan Petrowich.

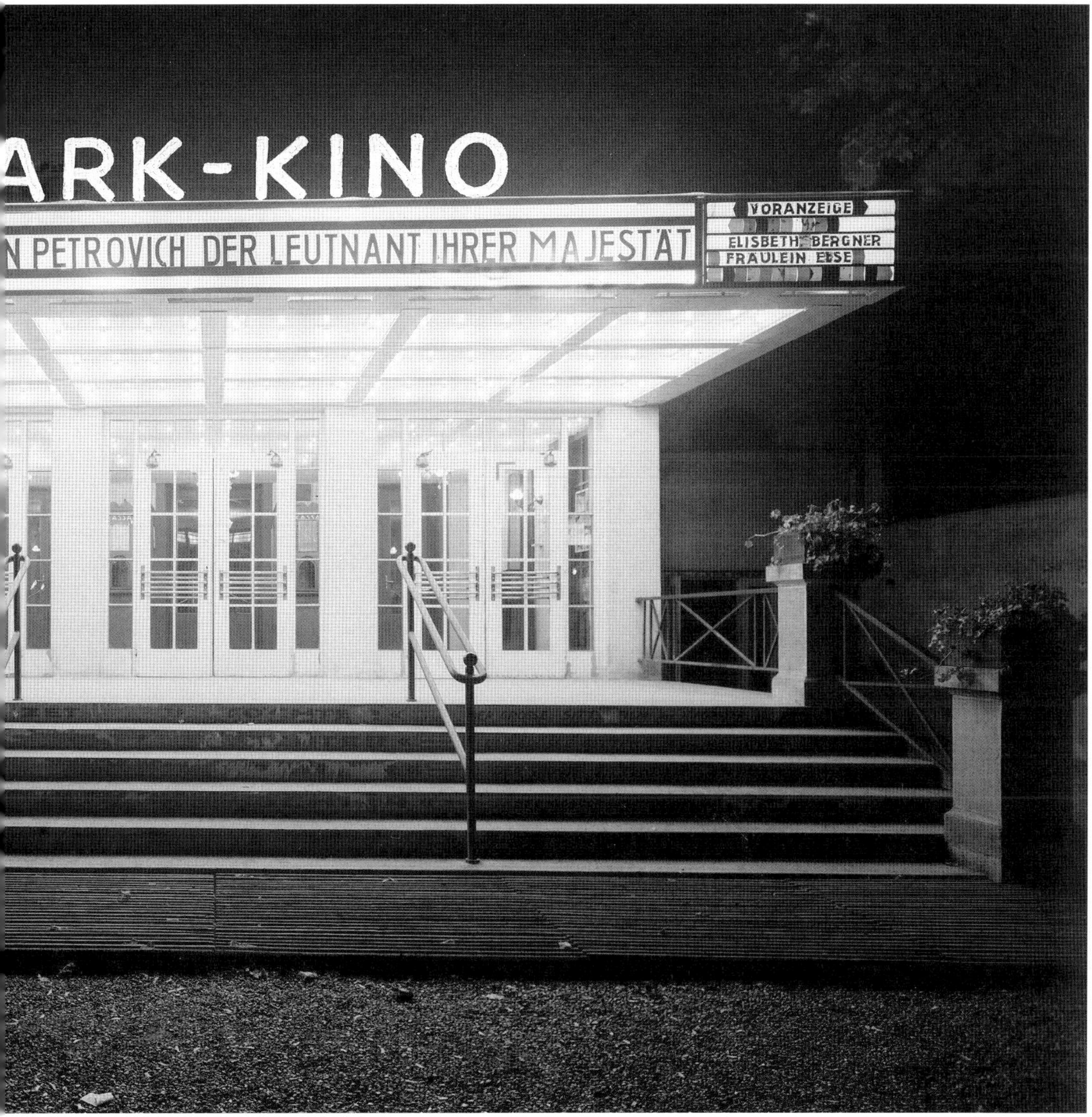
ARK-KINO
N PETROVICH DER LEUTNANT IHRER MAJESTÄT
VORANZEIGE
ELISBETH BERGNER
FRÄULEIN ELSE

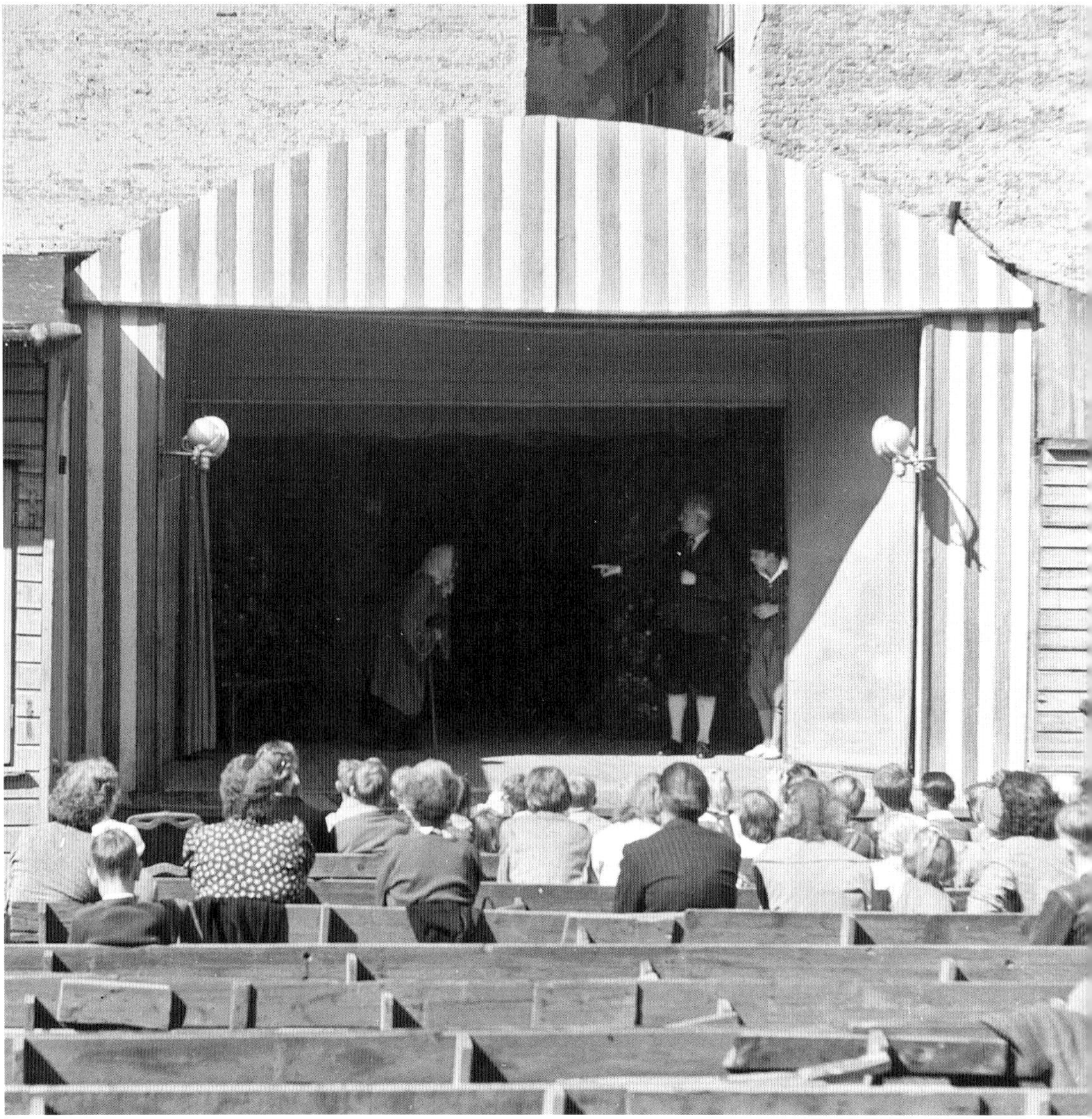

Seite 84

„Tschauners Sommer-Theater", 1957, während einer Aufführung mit nicht allzu vielen Besuchern in den Sitzreihen. Die Stegreifbühne Tschauner in der Marotlingergasse 43 im 16. Bezirk wurde 1909 gegründet. Damals als Freilichtbühne, die wie viele andere auch, nicht nur Theater spielte, sondern in erste Linie gauklerische Darbietungen brachte.

Rechte Seite

Das „Weltspiegelkino" am Lerchenfeldergürtel 55 im 16. Bezirk bot im Jahre 1944 spannende Unterhaltung: „In geheimer Mission". Das Kino wurde 1919 im Saal des ehemaligen Etablissements „Neufellner" bzw. „Neues Orpheum" eingerichtet. Heute ist es ein Sexkino.

Kindervorstellung im „Theater in der Vorstadt", 1949: Hier im Bild scheinen sich nicht alle Kinder zu amüsieren ... ob der Kasperl gerade in Gefahr ist?

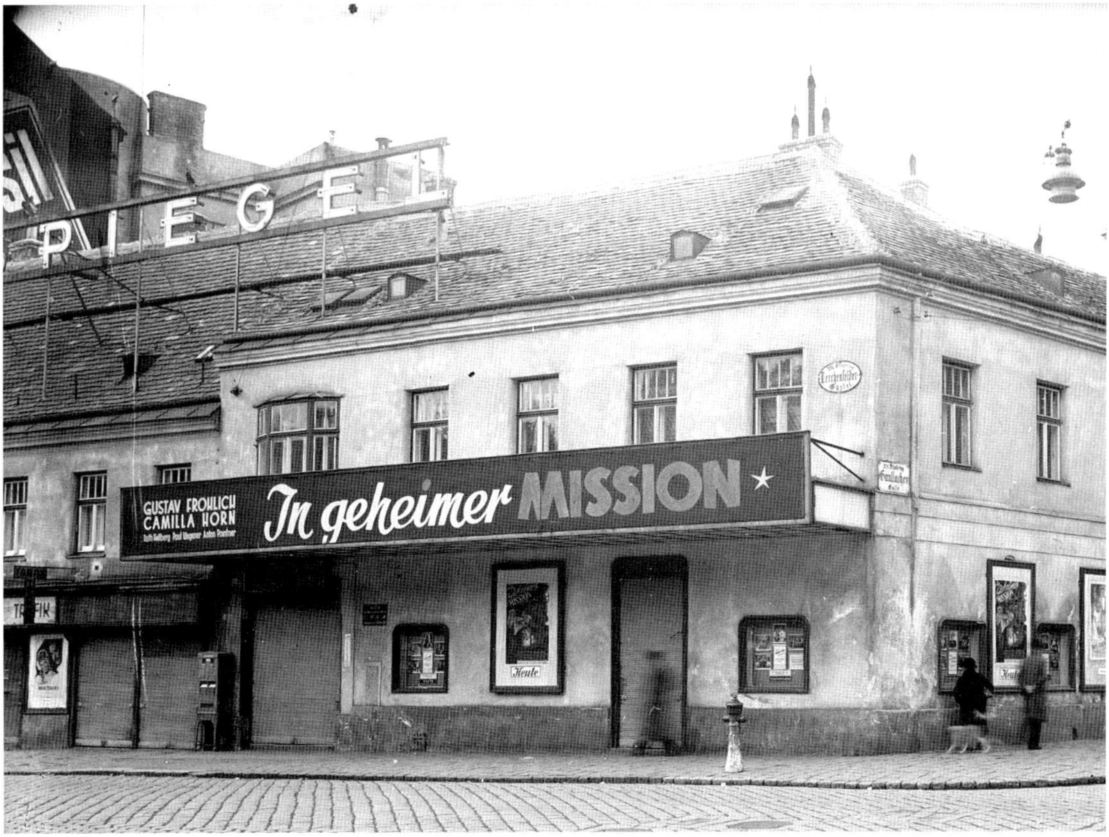
PIEGEL
GUSTAV FROHLICH
CAMILLA HORN
In geheimer MISSION
Heute
TRAFIK

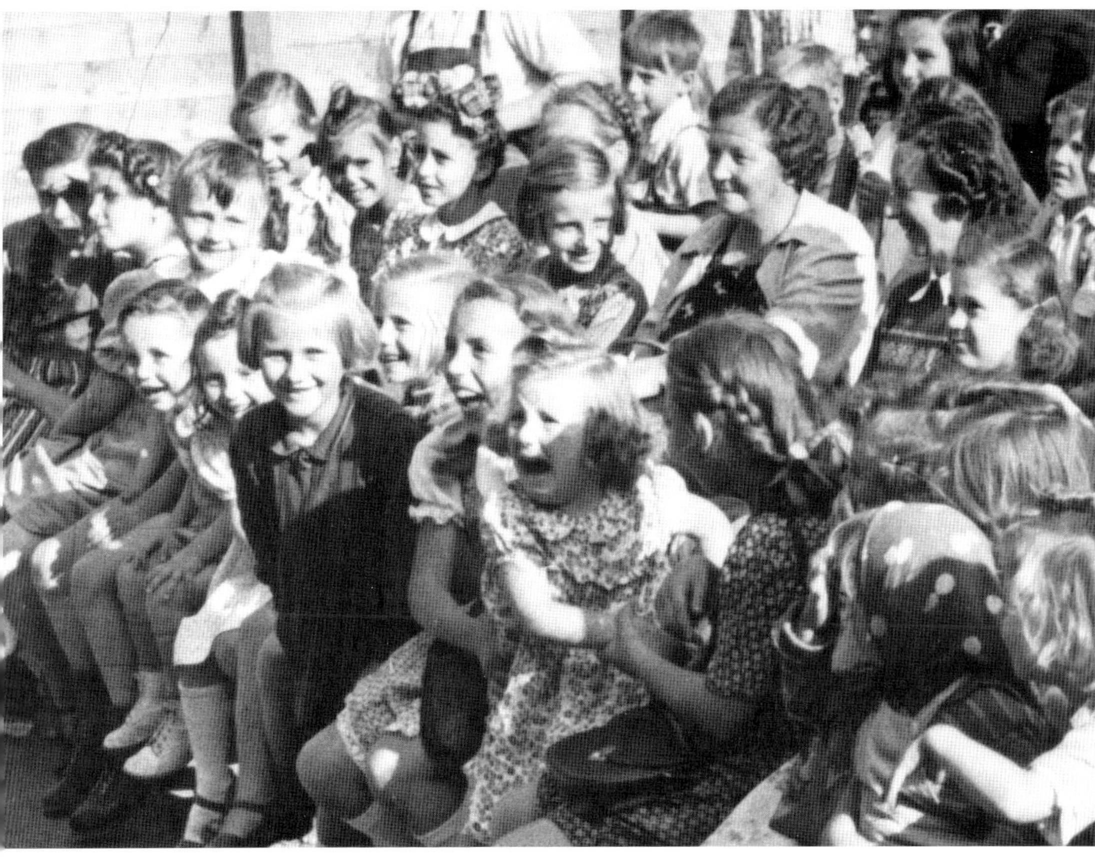

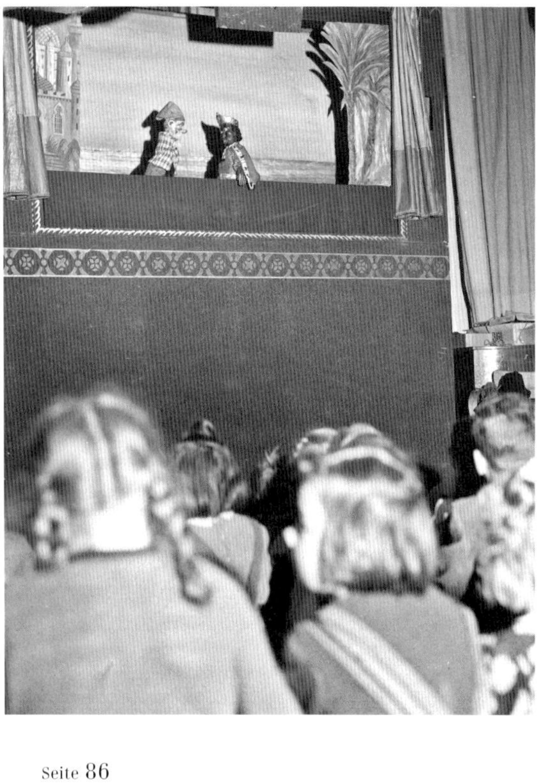

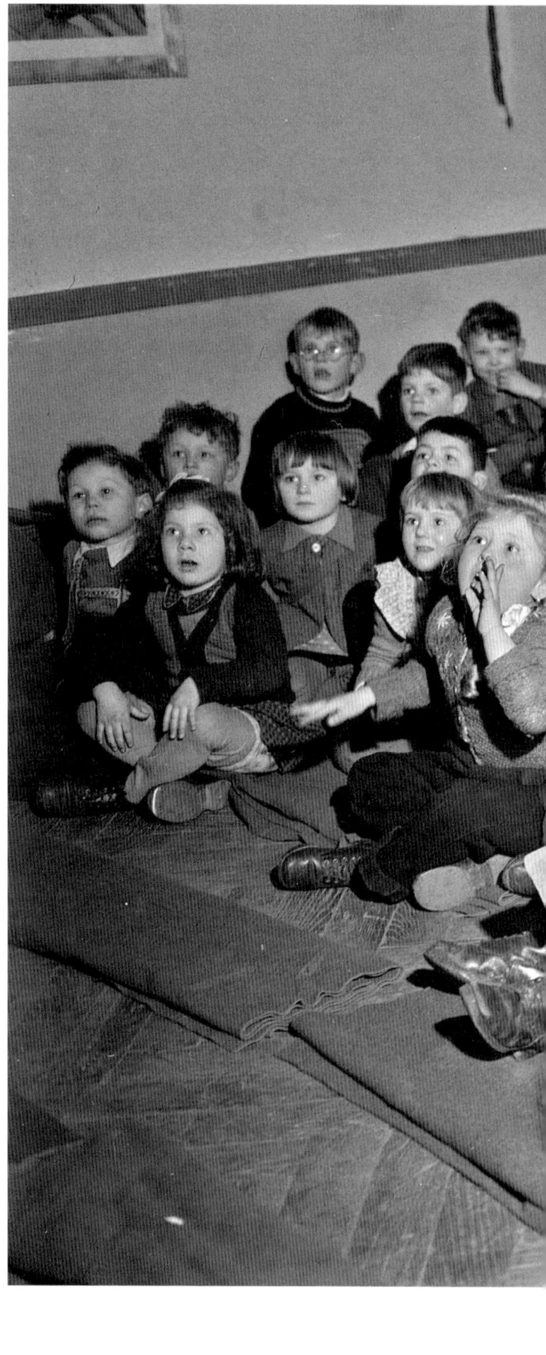

Seite 86

Das „Kinder Puppentheater“ in der Weimarer Straße 50, 1180: Aufführung im AYA-Center (Jugendhilfswerk der US-Armee in Österreich), 1949. Blick über die zuschauenden Kinder auf die Bühne und „Kasperl im Morgenland“.

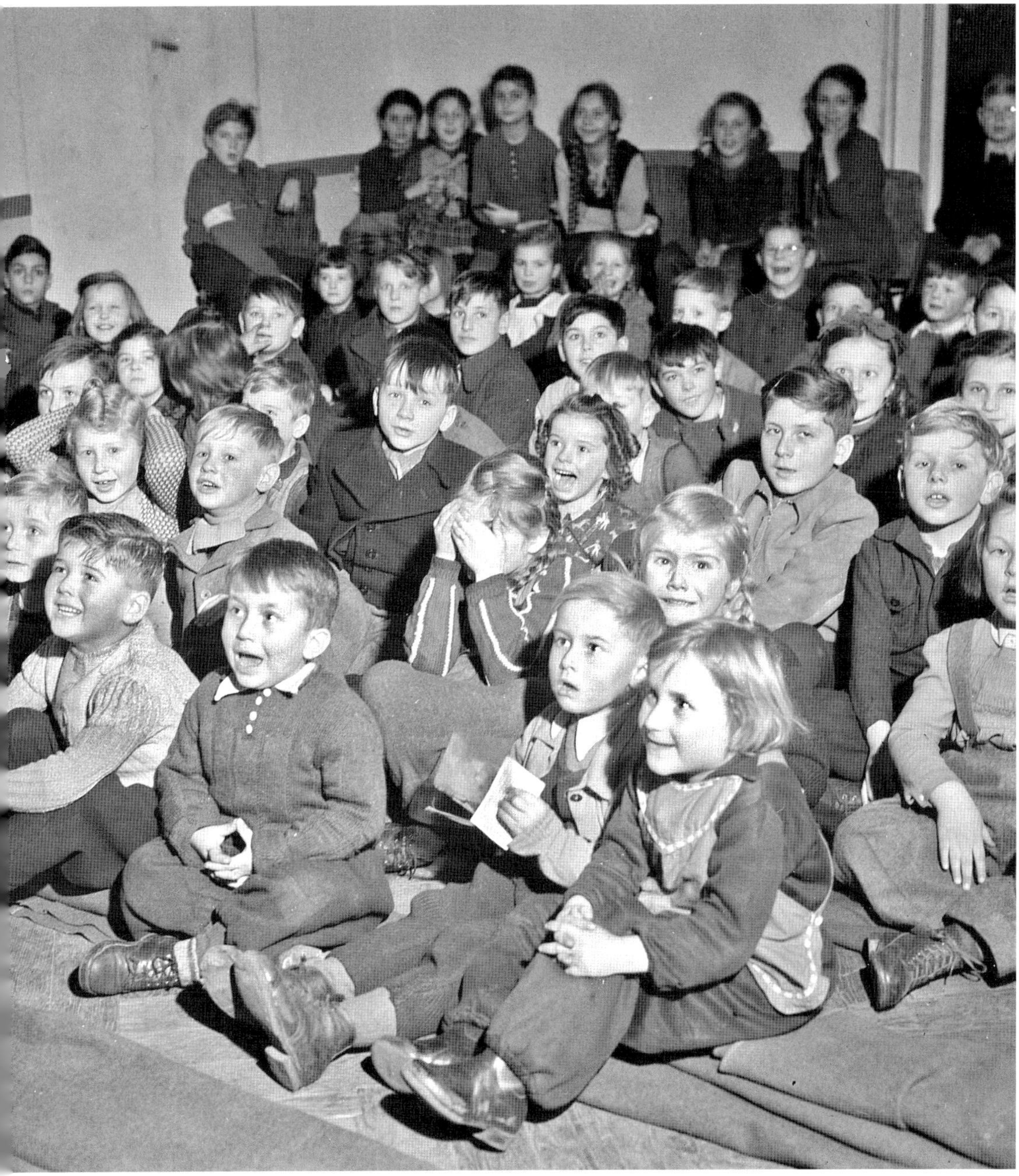

Seite 87

Faszination Kasperltheater: begeisterte und gebannte Kinder im Zuschauerraum.

Nächste Doppelseite

Eine Aufnahme von oben auf die „beschwingten“ Dreharbeiten zum Film „Glaube an mich“ im Filmatelier Sievering, 1946.

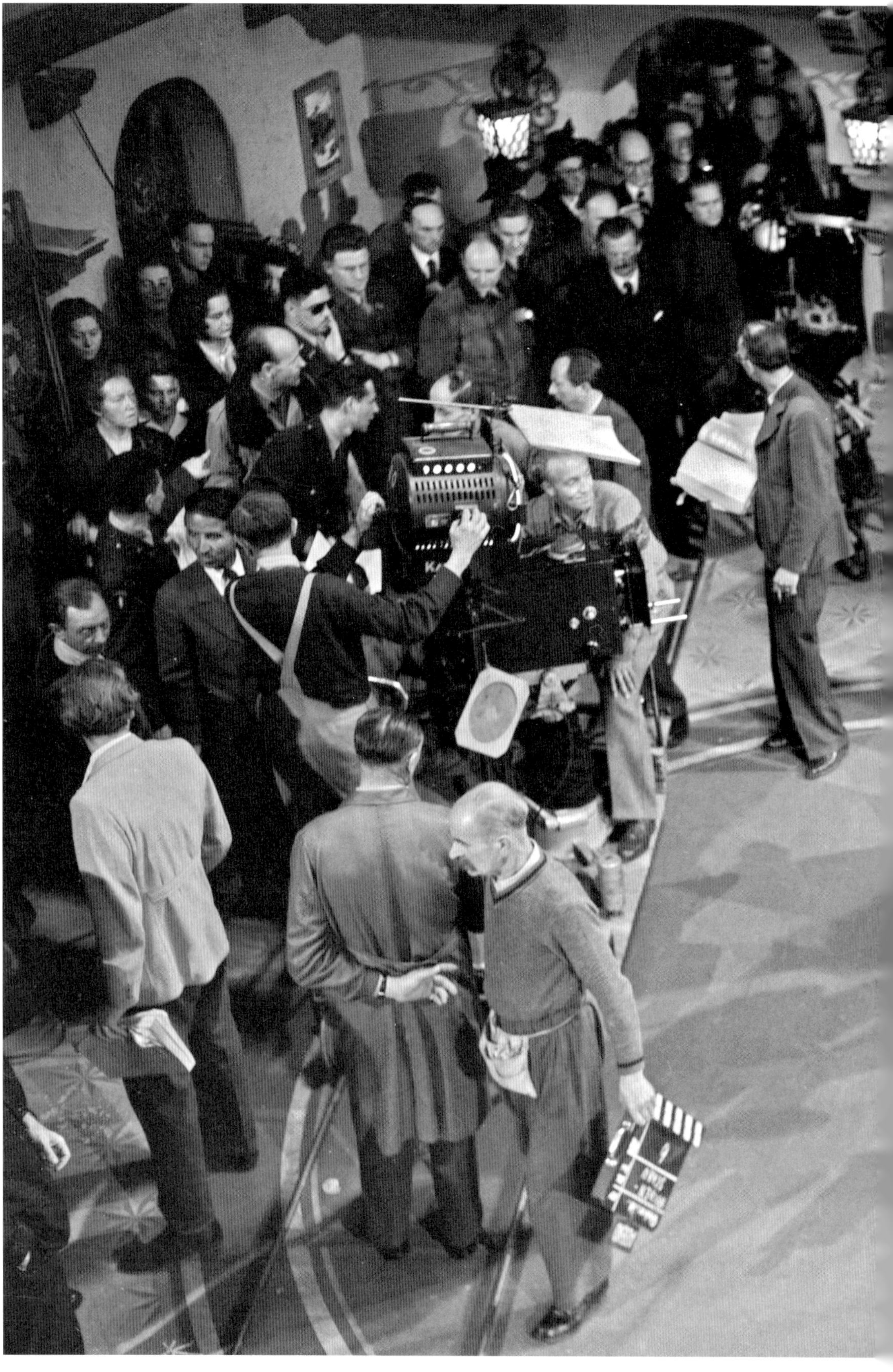

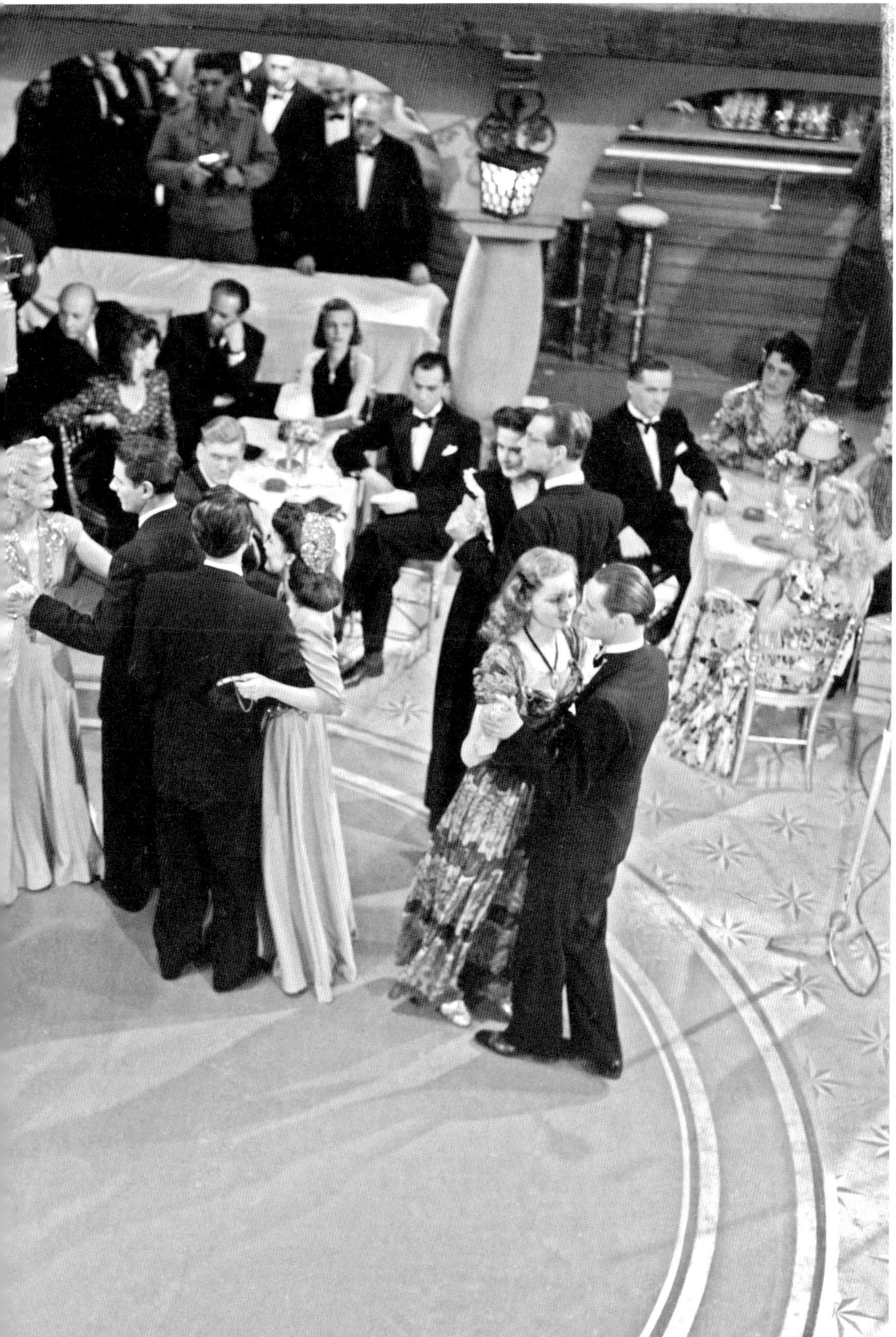

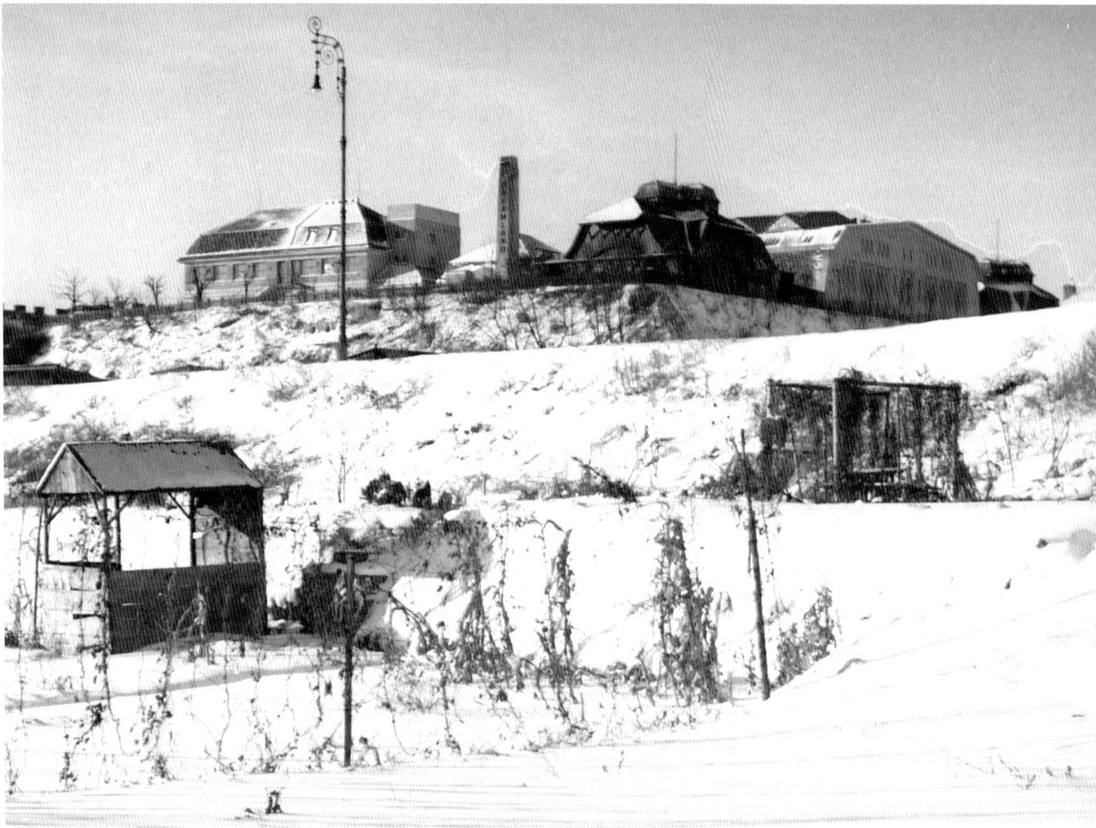

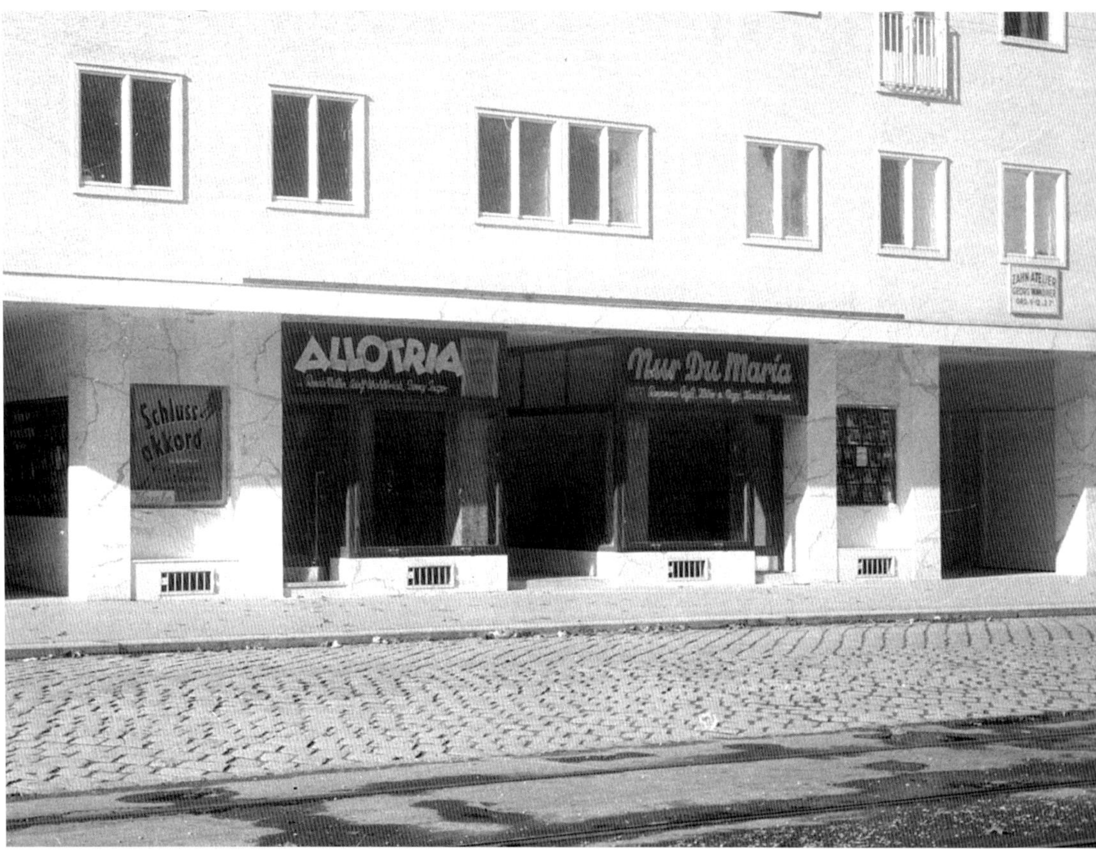
ZAHNATELIER
ALLOTRIA
Nur Du Maria
Schluss-akkord

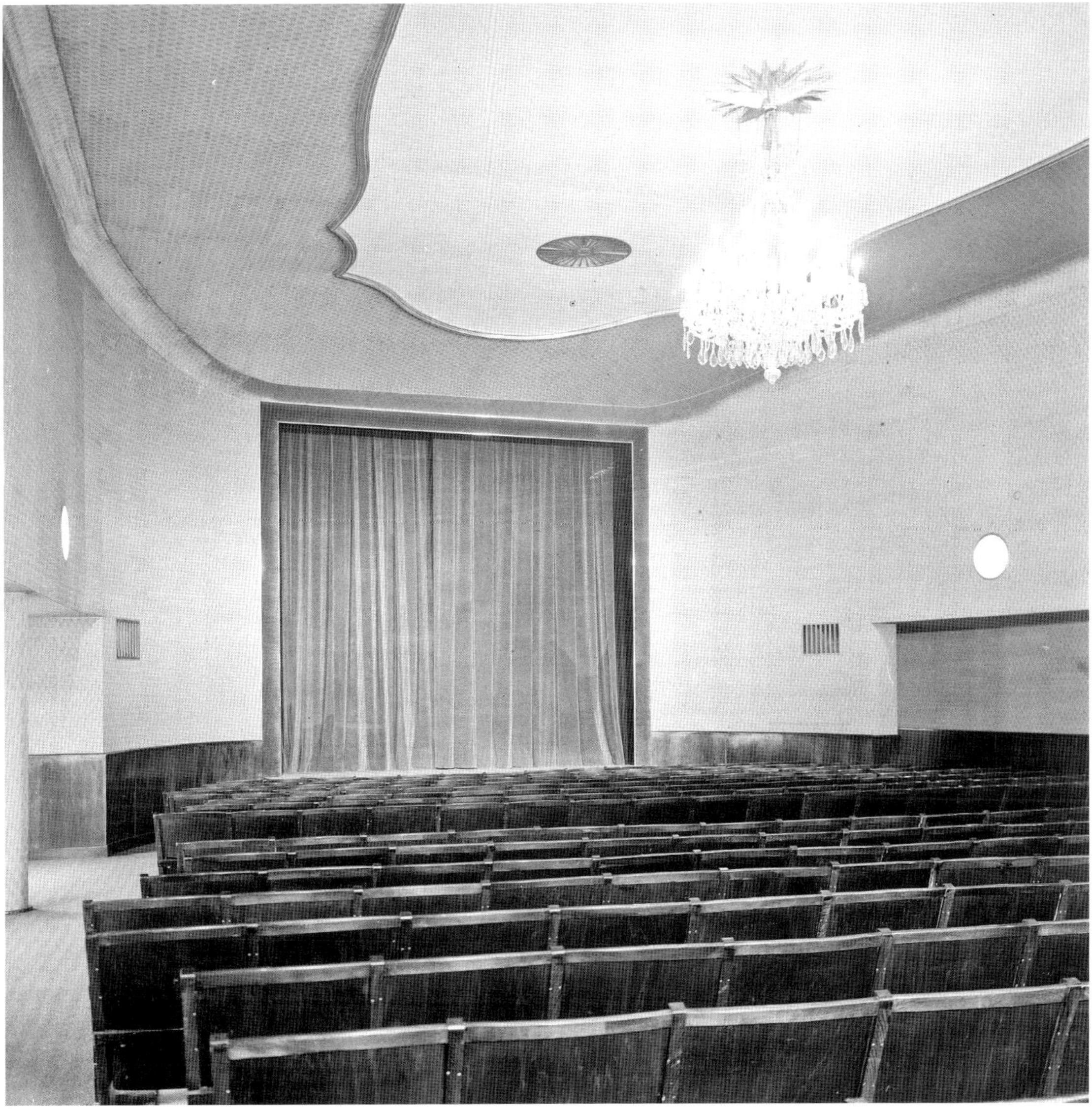

Seite 91

Das Gebäude der „Filmgesellschaft Dreamland“ in Döbling, Hohe Warte 8: das unverbaute Gelände mit Schrebergärten im Vordergrund in winterlich verschneiter Aufnahme.

Das „Nussdorfer-Kino“ in der Heiligenstädterstraße 161 wurde im Jahre 1969 geschlossen. 1911 wurde das „I. Nussdorfer Varieté Kino“ gegründet; damals befand es sich in der Diemgasse 6. Das Kino wurde 1936 aufgegeben und in die Heiligenstädterstraße 161 verlegt.

Rechte Seite

Hier eine Ansicht des Zuschauerraums gegen die Leinwand des „Nussdorfer-Kinos“.

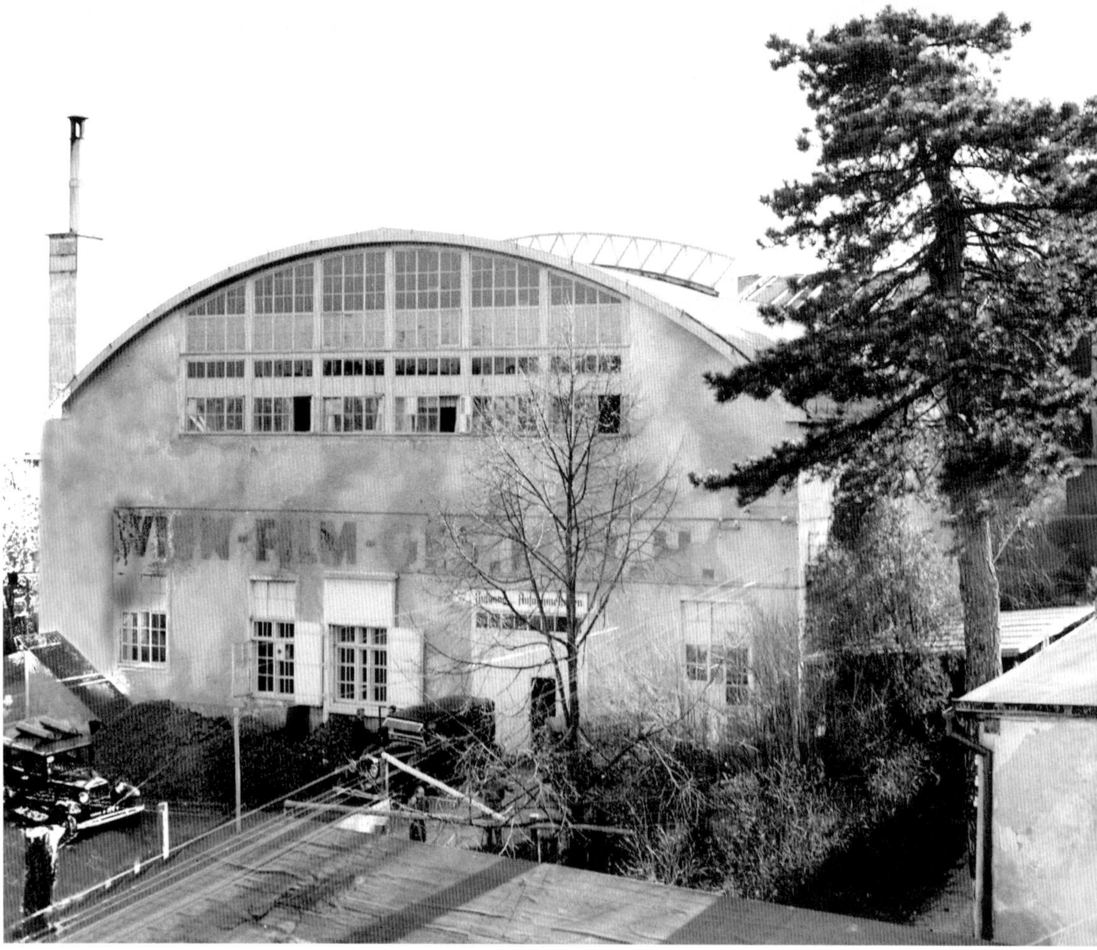

Seite 92

In der Sieveringerstraße 135 in Döbling befand sich das Filmatelier der Wien-Film Ges.m.b.H.

Rechte Seite

Die Wiener Sängerknaben in Kostümen der Commedia dell'arte bei Dreharbeiten zum Film „Frühlingsstimmen“ (1952) in den Ateliers Wien-Sievering.

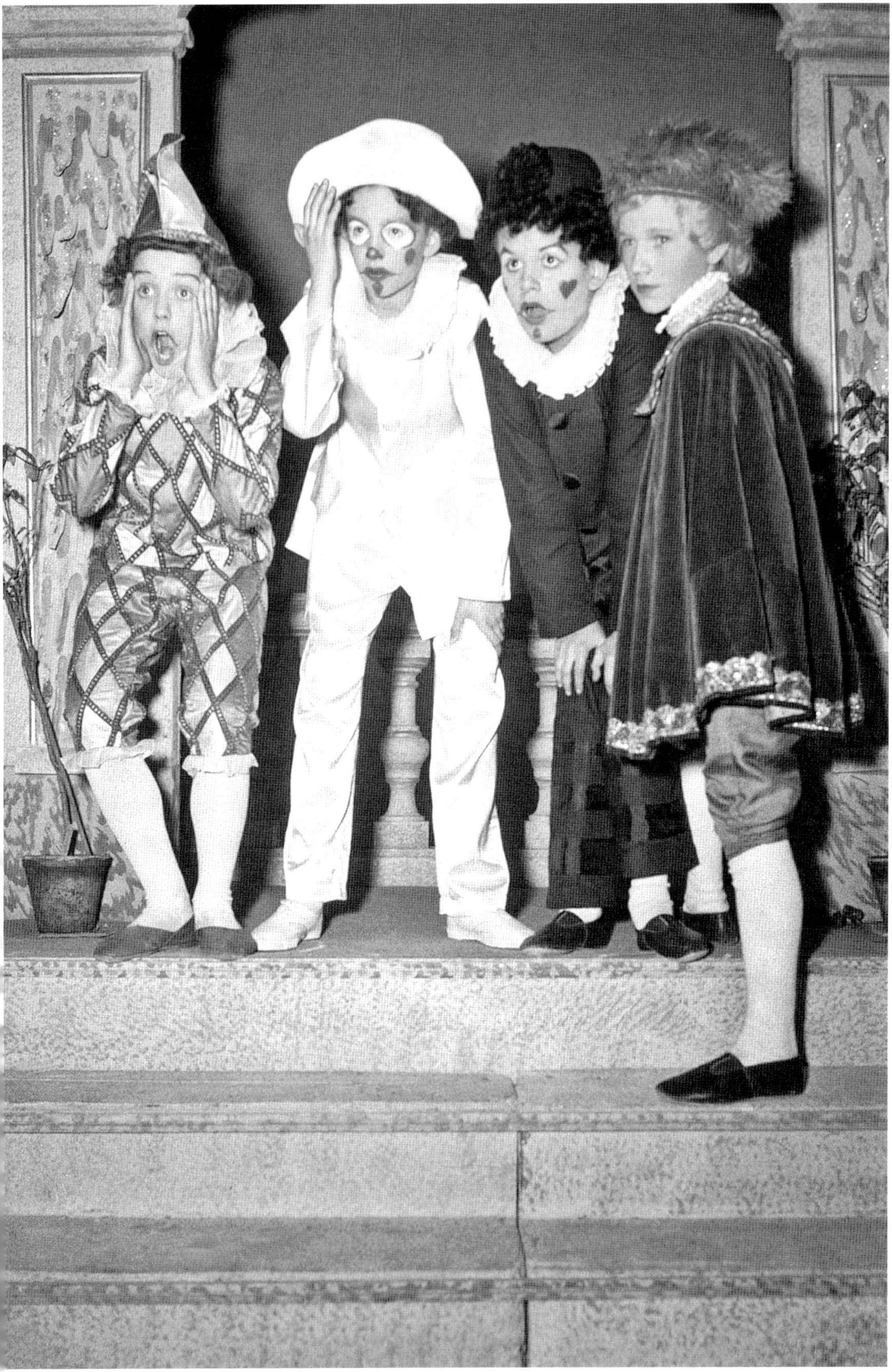

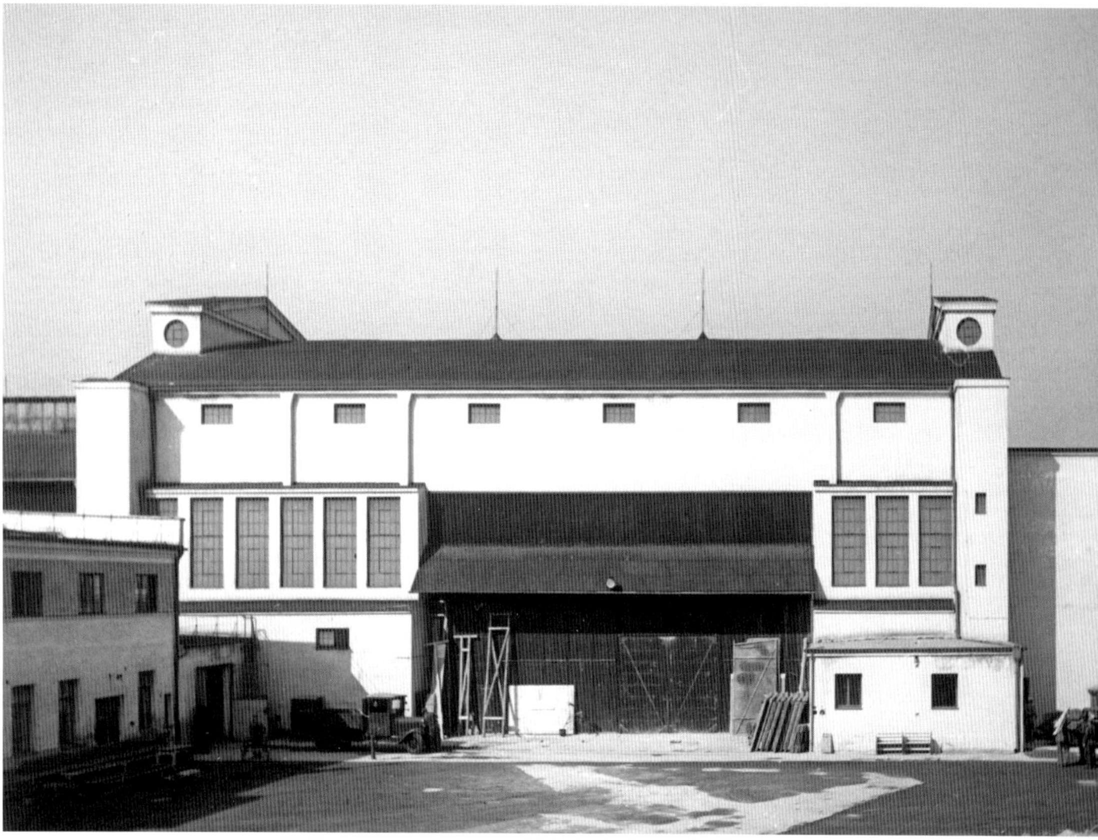

Seite 94

Das Filmatelier am Rosenhügel, 1939.
In den Jahren 1919–1923 errichtet die „Vita-Film" in Liesing eines der modernsten und größten Studios Europas, eine Studiostadt von „amerikanischen" Ausmaßen. Hier wurden Filme wie „Maskerade" (1934) mit Paula Wessely gedreht. Dieser Film galt als das Aushängeschild des „Wiener Films" der 1930er-Jahre. Um 1990 sollten die legendären Rosenhügel-Studios einem Einkaufszentrum weichen. Die Studios, in denen die meisten Filme mit Willi Forst, Paul Hörbiger und Hans Moser gedreht wurden, konnten in letzter Minute vor dem drohenden Abriss gerettet werden! Mittlerweile stehen die Studios wieder zum Verkauf ...

Rechte Seite

Der modern ausgestattete Schminkraum im Atelier Rosenhügel in einer Aufnahme aus dem Jahre 1939.

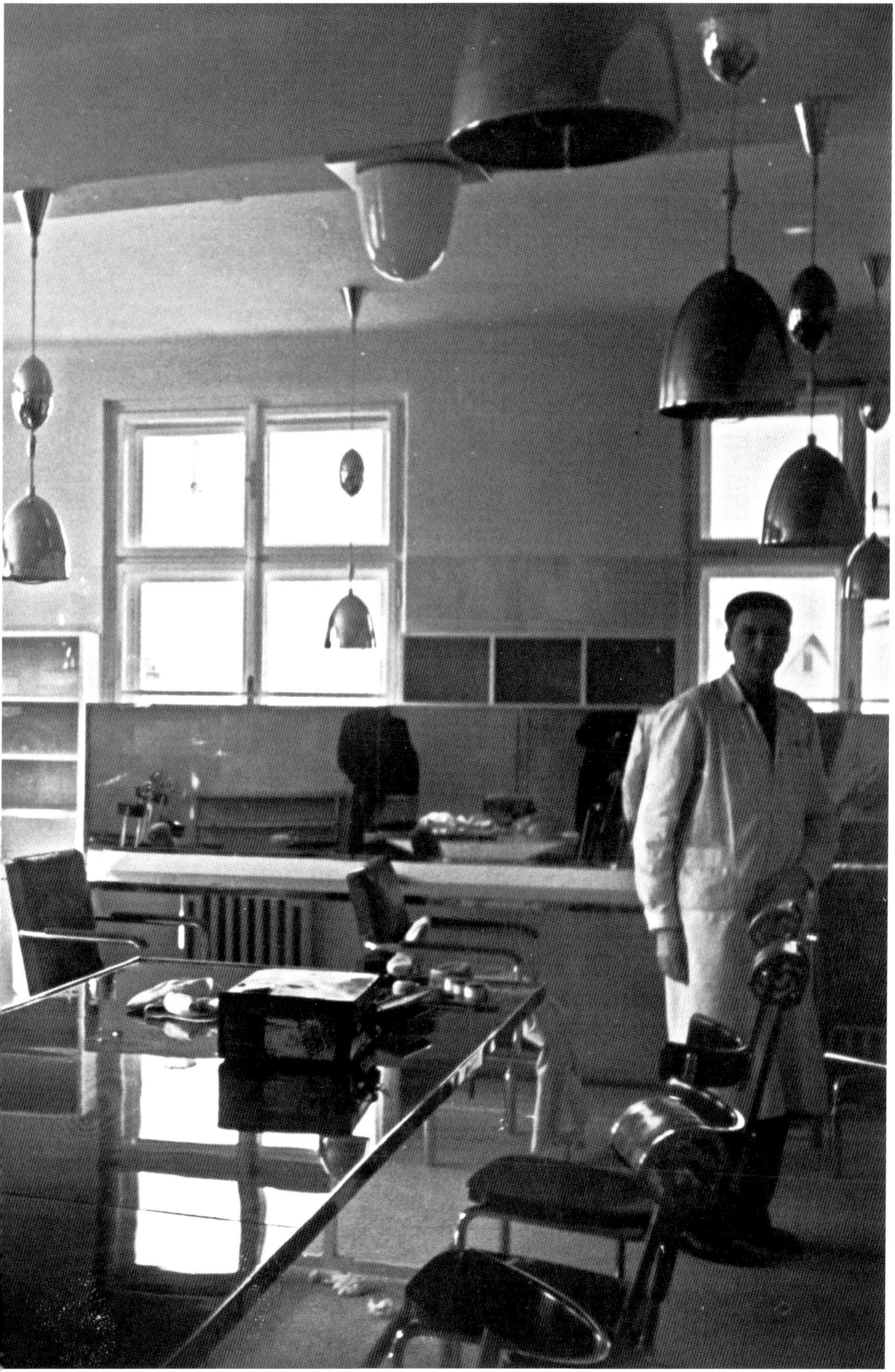

# Österreichische Nationalbibliothek

# Bildarchiv

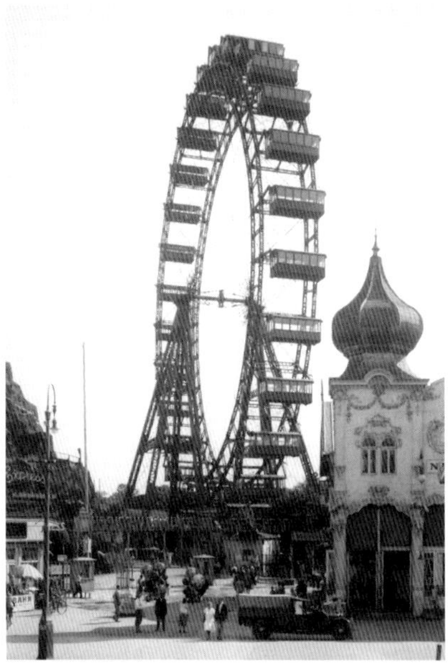

Das Bildarchiv der Österreichischen Nationalbibliothek ist mit mehr als eineinhalb Millionen Objekten die größte Bilddokumentationsstelle Österreichs.
Das Kernstück bilden über eine Million Fotografien, deren Themenspektrum von Porträts über Architekturfotografie, zeithistorische Dokumente, Alltagsbilder bis hin zu künstlerischen Aufnahmen reicht. Die grafische Sammlung umfasst heute mehr als 500.000 Druckgrafiken, Aquarelle und Zeichnungen, die Fideikommissbibliothek, die ehemalige kaiserliche Familienbibliothek, an die 117.000 Bände.

Über 50.000 Bilddokumente aus den wertvollen Beständen des Bildarchivs und der Sammlungen der Österreichischen Nationalbibliothek stehen digitalisiert in der Bilddatenbank des Archivs (www.bildarchivaustria.at) online für Forschung, kommerzielle und persönliche Verwendung zur Verfügung.

Sämtliche Recherchekataloge sind über Internet verfügbar (www.bildarchiv.at). Der digitale Wienkatalog bietet die Möglichkeit der Recherche zu mehr als 100.000 erfassten Fotografien und Grafiken zum Thema Wien. Die Suche kann nach Bezirken, Straßen, Hausnummern, aber auch nach bedeutenden Baulichkeiten und Themen ausgeführt werden. Auf Wunsch können fotografische Abzüge und digitale Kopien zur Verfügung gestellt werden.